Basiswissen Pädagogik

Aktuelle Schulkonzepte

Band 5



# Flexibilisierung von Bildungsgängen

Herausgegeben von

Hans Döbert / Christian Ernst

Schneider Verlag Hohengehren GmbH

Umschlaggestaltung:
Regina Herrmann, 73666 Baltmannsweiler

Die Deutsche Bibliothek – CIP-Einheitsaufnahme

Basiswissen Pädagogik : aktuelle Schulkonzepte /
hrsg. von Hans Döbert und Christian Ernst. –
Baltmannsweiler : Schneider-Verl. Hohengehren
ISBN 3-89676-468-3

Bd. 5. Flexibilisierung von Bildungsgängen. – 2001
ISBN 3-89676-466-7


Printed in Germany. Druck: Frech, Stuttgart

# Inhaltsverzeichnis

## Band V: Flexibilisierung von Bildungsgängen

# Einführung: Flexibilisierung von Bildungsgängen

In Erziehungswissenschaft und Pädagogik liegen zahlreiche Lexika, Wörterbücher, Handbücher oder sonstige Nachschlagewerke zu schulpädagogischen Inhalten vor. Sie unterscheiden sich zwar hinsichtlich Adressaten, Inhalt, pädagogischem Ansatz und Struktur voneinander, doch haben sie alle den vordringlichen Zweck zu informieren, was zu einem bestimmten Stichwort oder Sachverhalt Grundlegendes wie Weiterführendes mit Blick auf die Schule zu sagen ist.

Nun liegen auf Anregung des Schneider-Verlags im Rahmen einer Buchreihe „Basiswissen Pädagogik“ sechs Bände zu „Aktuellen Schulkonzepten“ vor, deren hauptsächlicher Zweck es demgegenüber ist, wesentliche aktuelle Erkenntnisse und Entwicklungen in Erziehungswissenschaft und Pädagogik zur Schule wissenschaftlich fundiert in ihrem pädagogischen Anspruch und in ihrer Bedeutung für die Schulpraxis zu entfalten. Diese aktuelle überblicksartige Einführung in Konzepte, Probleme und Erfahrungen gegenwärtiger Schulentwicklung ist auf die Darbietung und Erhellung in der Öffentlichkeit zunehmend nachgefragter pädagogischer Tatbestände gerichtet.

Viel hat sich gerade im Bereich der Schulentwicklung in den letzten Jahren getan. Nicht nur neue Begriffe wie „Public-Private-Partnership“, „Fundraising“, „Schulfirmen“ oder bekannte Begriffe in neuem Gewand wie „Leitbild“, „neue Lehr- und Lernkultur“ haben in die Schulentwicklung Eingang gefunden. Mit ihnen sind zugleich neue pädagogische Fragestellungen und Denkweisen entstanden. Ihre Verwendung war und ist – nicht zuletzt auch wegen eines überwiegend auf „Insider“ konzentrierten Kontextverständnisses – nicht selten mit Verkürzungen, Vereinfachungen und Missverständnissen verbunden. Unter Praktikern, Lernenden und Studierenden sowie in der pädagogisch interessierten Öffentlichkeit besteht somit ein sichtbares Bedürfnis nach thematisch zwar relativ breit angelegten, dennoch in zusammenhängenden Inhaltskomplexen dargebotenen Informationen über diese neueren Entwicklungen und Konzepte zur Schule. Die vorliegenden Bände wollen daher Überblick, Querschnitt und Vertiefung in leicht zugänglicher, handlicher und verständlicher Form in einem bieten. Es lag dabei sowohl in der Absicht der Herausgeber als auch der einzelnen Autoren, eine Balance zwischen dem grundlegenden, bleibenden Bestand der Pädagogik in Bezug auf die Schule einerseits und neueren erziehungswissenschaftlichen Erkenntnissen und schulpraktischen Entwicklungen andererseits herzustellen.

Eine auch nur einigermaßen umfassende Darstellung aktueller schultheoretischer und schulpraktischer Erkenntnisse und Entwicklungen in ihren vielfältigen und komplexen Aspekten, Bezügen und Handlungsfeldern kann heute kaum, auch nicht in sechs Bänden geleistet werden. Die sechs Bände sind daher vor allem als Versuch gedacht, die ungewöhnlich breiten und vielschichtigen Diskussionen und Entwicklungen im Schulbereich zu strukturieren und zu einem Wissensfundus zusammenzustellen. In manchen Teilbereichen ging es auch darum, ein gewisses „Grundlagenwissen“ erst einmal ansatzweise zu sichern. Die Herausgeber haben sich bemüht, Überschneidungen zwischen den thematischen Teilbereichen in den sechs Bänden zu begrenzen. Da aber jeder Band für sich sowie die sechs Bände insgesamt Einblicke in die differenzierten schulpädagogischen Tätigkeitsgebiete vermitteln, „neue Wege“ von Schulen im nationalen wie im internationalen Rahmen beschreiben sowie explizite Auskunft über entsprechende Forschungen geben sollen, konnten diese Überschneidungen auch im Interesse des Überblicks für die Leser/-innen nicht völlig vermieden werden.

Die große Heterogenität der Gegenstände sowie der Basischarakter der Darstellung ließen es nicht zu, die einzelnen Ansätze und Entwicklungen in ihrer Genese und in ihren jeweiligen historischen Bezügen, in ihren personalen, schulspezifischen, nationalen und internationalen Zusammenhängen zu entfalten. Hierzu muss auf anderweitige ausführlichere Veröffentlichungen verwiesen werden. In der Regel findet sie der Leser bzw. die Leserin in den Literaturverzeichnissen der einzelnen Beiträge. Gleichfalls wird mancher interessierte Nutzer der „Aktuellen Schulkonzepte“ grundlegende Informationen etwa zur Struktur des Schulwesens in den deutschen Bundesländern oder in anderen europäischen Staaten, zu den einzelnen Schulformen bzw. -arten sowie zu Standardbegriffen o. ä. vermissen. Die sechs Bände setzen ein gewisses Maß an Kenntnissen voraus. Um an solchen Informationen interessierten Lesern diese leichter zugänglich zu machen, ist ein Verzeichnis ausgewählter grundlegender Literatur zu Schule und Schulpädagogik aufgenommen worden. Es befindet sich am Ende jedes Bandes. Damit das Überschauen der Zusammmenhänge erleichtert, die innere Verbindung der einzelnen Beiträge sichtbarer und die Nutzbarkeit der Bände erhöht wird, wurde ein Sachwortverzeichnis aufgenommen. Die Sachworte sind allerdings auf grundlegende und praxisorientierte Begriffe beschränkt.

In die Beiträge der einzelnen Autoren sind ungeachtet des Bemühens um Objektivität subjektive Stellungnahmen und Urteile eingegangen. Diese wie auch die inhaltlichen Aussagen in den Beiträgen verantworten die jeweiligen Autoren selbst. Die Herausgeber haben darauf verzichtet, abweichende Darstellungen oder Urteile einander anzugleichen. Ebenso wurde keine sprachliche und stilistische Einheit angestrebt, zumal die Bände auch durch die verschiedenen inhaltlichen und stilistischen „Handschriften“ der Beiträge gewinnen dürften.

Es gibt verschiedene Möglichkeiten, sich dem erziehungswissenschaftlichen und pädagogischen Themenfeld Schule zu nähern. Die Herausgeber haben sich bei den in Rede stehenden sechs Bänden der „Aktuellen Schulkonzepte" für einen inhaltlichen Zugang entschieden, der möglichst breit das gegenwärtige Diskussions- und Entwicklungsspektrum in und um Schule umfassen sollte. Die Beiträge in den sechs Bänden wurden daher um die folgenden Themenbereiche versammelt: Neue Schulkultur, Finanzierung und Öffnung von Schule, Schulen in staatlicher und freier Trägerschaft, Schulen mit besonderem pädagogischen Profil, Flexibilisierung von Bildungsgängen sowie Schule und Qualität. Der vorliegende Band „Flexibilisierung von Bildungsgängen" beleuchtet die Thematik aus der Perspektive von acht Beiträgen. Das Bemühen der Autoren war es, neben nationalen auch internationale Trends zu berücksichtigen.

Die Reform der öffentlichen Schule erhielt in den letzten Jahren wesentliche Impulse durch die Diskussion um erweiterte Handlungsspielräume pädagogischer Arbeit vor Ort in den Schulen. Erweiterte Verantwortung, Teilautonomie der Einzelschule sind u. a. die Stichwörter dieser Debatte. Mit zeitlicher Verzögerung reagierte damit Bildungspolitik auf Forderungen der Empfehlungen des Deutschen Bildungsrats (1973) und des Deutschen Juristentages (1981). Der Beitrag von FROMMELT geht dieser Entwicklung am Beispiel Hessens nach. Der Begriff der Schulautonomie wird zunächst in das Spannungsverhältnis eingebettet, dass Schulpolitik einerseits die für die einzelschulische Profilbildung erforderlichen Handlungsspielräume schaffen und garantieren und damit die Vielgestaltigkeit des Schulwesens insgesamt erhöhen will, andererseits aber auch vor der Aufgabe steht, sowohl die Gleichheit der Lebenschancen als auch die Durchlässigkeit im Bildungswesen zu sichern. Die Stationen des hessischen Weges von der Entstehung zur Verwirklichung einer Leitidee, der gesellschaftlichen Individualisierung und Differenzierung als Voraussetzung des Umdenkens hin zur Autonomie der Schule als Grundgedanke des hessischen Schulgesetzes werden dargelegt. Folgerungen der Entwicklung in bildungsplanerischer und pädagogischer Sicht schließen die Ausführungen. DÖBERT sieht in seinem Beitrag Schulautonomie als eine Rahmenbedingung für die Flexibilisierung von Bildungängen. Ausgehend von den Entwicklungen im deutschen Schulwesen der letzten Jahrzehnte wird eine gegenwärtige Ausdifferenzierung des Schulwesens konstatiert. Über einen Exkurs zur Schulautonomie als historisches und pädagogisches Problem wird auf Schulautonomie als Rahmenbedingung gegenwärtiger Schulentwicklung eingegangen. Ungeachtet der Vielfalt dieses Prozesses werden mit der erweiterten Verantwortung von Schulen Erwartungen verknüpft. Insbesondere soll auf die Unterschiedlichkeit von Lebensbedingungen von Kindern und die damit einhergehenden veränderten pädagogischen Anforderungen flexibler reagiert werden können und nicht zuletzt soll dadurch die Flexibilität des Schuleintritts und der Bildungsverläufe vergrößert werden. Dabei werden auch offene Fragen und mögliche Perspektiven dieser Entwicklung benannt.

Der Flexibilisierung des Schuleintritts und der Individualisierung des Schulanfangs geht KUCHARZ in ihrem Beitrag nach. Nach Begriffsklärung und Problemstellung stehen Ausführungen zur Schulreife und Schulfähigkeit sowie zu gesetzlichen Regelungen und Modellen einer neugestalteten Schulanfangsphase im Mittelpunkt. Der Beitrag zeigt zugleich Perspektiven einer Individualisierung der Schulanfangsphase auf. LIEBERS referiert in ihrem Beitrag über den Schulversuch FLEX als Flexibilisierung der Schuleingangsphase zur Optimierung des Schulanfangs für alle Kinder. Die Entstehung, aktuelle und historische Begründungen sowie die Ziele des Schulversuchs einschließlich der Qualitätsstandards für die pädagogische Gestaltung der flexiblen Schuleingangsphase werden aufgezeigt. Vor dem Hintergrund demographischer Entwicklungen berichtet WALDMANN über die Entwicklung und Erprobung der Qualität Kleiner Grundschulen anhand eines Modellprojekts im Land Brandenburg. Der Beitrag geht der Frage nach, ob Kleine Grundschulen und jahrgangsübergreifender Unterricht ein tragfähiger pädagogischer Ansatz sind. Die Aufgaben der Konzeptentwicklung, Ergebnisse der Qualitätsentwicklung, strukturell-organisatorische Rahmenbedingungen sowie Leistungen im Unterricht der jahrgangsgemischten Lerngruppen werden diskutiert. Der Beitrag schließt mit Schüler- und Lehrersichten zum differenzierten Unterrichtskonzept.

Im Gegensatz zu anderen europäischen Ländern ist Schule in Deutschland eine Vormittagsschule. Ob dieses Modell noch gegenwärtigen gesellschaftlichen Rahmenbedingungen entspricht, wird im Beitrag von BURK erörtert. Verlässliche Unterrichts- und Betreuungszeiten in der Grundschule werden in mehreren Bundesländern gegenwärtig erprobt. Dass damit offensichtlich auch andere Formen pädagogischer Arbeit ermöglicht werden, ist nahe liegend. Ein weiteres Reformvorhaben in der Grundschule der Länder der Bundesrepublik Deutschland ist der Fremdsprachenfrühbeginn. Der Beitrag von KUTY gibt eine Begründung für dieses Konzept, zeigt verschiedene Modelle auf, nennt Prinzipien sowie die Anforderungen an Lehrer/-innen und Lernmaterialien. Anhand eines Brandenburger Modellprojekts wird die Begegnung mit Sprachen in der Grundschule vertieft. Der Beitrag von BECK gibt die Erfahrungen wieder, die von der Begegnung mit Sprachen in der Grundschule ausgehen und in der Fortbildung für Lehrer/-innen gesammelt werden konnten.

Wenn die „Aktuellen Schulkonzepte“ und insbesondere der Band „Flexibilisierung von Bildungsgängen“ zu einem nützlichen Handbuch für Studium, Schulpraxis und interessierte Öffentlichkeit werden, dann gebührt das Verdienst daran in erster Linie den Autorinnen und Autoren aus Praxis, Verwaltung und Wissenschaft. Ihnen gilt der besondere Dank der Herausgeber.

Ohne die tatkräftige und verlässliche Mitarbeit von Frau Heike Balzer, Berlin, hätte diese Publikation so rasch nicht druckreif vorgelegen. Auch ihr danken wir sehr herzlich.

Berlin, im Mai 2001

Hans Döbert
Christian Ernst

BERND FROMMELT

# Schulautonomie – auf dem Weg zu einem neuen Verständnis von Schulgestaltung

Der Begriff „Autonomie“ und das, was sich hinter ihm – mehr oder weniger diffus – verbirgt, hat seit einiger Zeit Konjunktur. Und es ist noch nicht abzusehen, ob „Autonomie“ mehr als eine Mode ist (Moden wechseln ja auch in der Pädagogik mitunter ebenso rasch wie in anderen gesellschaftlichen Bereichen), oder ob tatsächlich ein Paradigmenwechsel im Bereich der Bildungsentwicklung sich abzeichnet, der sich dann allerdings als äußerst folgenreich für Bildungsplanung und Schulentwicklung erweisen dürfte. Die bisherige Diskussion um Autonomie der Schule ist allerdings durch den Begriff vorbelastet, impliziert er doch eine Vorstellung von Unabhängigkeit und Eigenständigkeit, die es so für Schule nicht geben kann. Autonomie kann nicht Beliebigkeit, Abgelöstheit von allgemeinen Entwicklungen oder den Anforderungen der Gesellschaft an Schule bedeuten. Oder anders und deutlicher gesagt: Autonomie im eigentlichen Wortsinn, nämlich als Möglichkeit zur Selbstgesetzgebung, kann die einzelne Schule nicht beanspruchen. Denn: nach wie vor muss der Staat Kraft seiner Gestaltungskompetenz auf eine Balance zwischen dem individuellen Weg, auf dem eine Schule ihren Auftrag erfüllt, und dem gemeinsamen übergreifenden Orientierungsrahmen achten; dieser Rahmen muss Beliebigkeit verhindern, die Vergleichbarkeit grundlegender Anforderungen wahren und damit die Durchlässigkeit und Anschlussfähigkeit zwischen den Teilsystemen und die Mobilität von Eltern und Schülern sichern. Oder, um die „paradoxe Situation“ auch aus der Perspektive der Schulpolitik zu markieren. Einerseits muss und will sie die für die einzelschulische Profilbildung erforderlichen Handlungsspielräume schaffen und garantieren und damit die Vielgestaltigkeit des Schulwesens insgesamt erhöhen; andererseits aber steht sie vor der Aufgabe, sowohl die Gleichheit der Lebenschancen als auch die Durchlässigkeit im Bildungswesen zu sichern.

Es geht also eigentlich nicht um „Autonomie“, sondern um die Vergrößerung der Entscheidungs- und Handlungsspielräume der einzelnen Schule“, bestenfalls um „Teilautonomie“ – für diesen Begriff hat sich die Bildungskommission Nordrhein-Westfalen in ihrer 1995 veröffentlichten Denkschrift entschieden. Dass der Begriff „Autonomie“ im Folgenden dennoch weiter benutzt wird, macht die Verständigung schlicht einfacher. Die Diskussion um Autonomie ist ferner sehr früh durch eine Argumentation belastet worden, die dieses Bestreben ausschließlich als besonders raffinierte Methode zur Erzielung größerer Einsparungen zu diffamieren sucht. Autonomie werde lediglich aus Gründen der angespannten Haushaltslage gewährt; Autonomie müsse als Legitimation dafür herhalten, von den Schulen bei weniger Mitteln mehr Leistung verlangen zu können. Nun ist es prinzipiell kein Nachteil, wenn neue Konzepte auch zu einer besseren und effektiveren Nutzung von Ressourcen und zu einer weiterreichenden Entbürokratisierung führen. Der Hamburger Senatsrat Lange merkt in diesem Zusammenhang an: „Die Einräumung von Autonomie hat auch etwas mit Wirtschaftlichkeitsüberlegungen zu tun. Es geht in der Tat auch darum, aus den verfügbaren Mitteln auf intelligente Weise mehr zu machen. Ehrlichkeit bezüglich dieser Punkte ist Voraussetzung der nötigen Wachsamkeit gegenüber möglichem Missbrauch des Autonomieprinzips und einer Selbsttäuschung, die Gutes meint und Böses schafft.“ (LANGE, 1995, 26)

Um der historischen Korrektheit willen sei aber darauf verwiesen, dass die Klagen über bürokratische Verkrustungen des Schulwesens, umständliche Genehmigungsverfahren, kleinliche Kontrolle, die Trägheit von Verwaltungsapparaten und die daraus erwachsenden Behinderungen pädagogischer

Praxis einerseits und die Forderung nach verstärkter Demokratisierung und transparentem Verwaltungshandeln andererseits ungleich älter sind als die derzeit zutage tretenden Finanzprobleme der öffentlichen Hand.

Die Fülle von Aufsätzen und Analysen, von befürwortenden und kritischen Kommentaren zum Thema „Autonomie“ ist jedenfalls inzwischen schier unübersehbar geworden. Dankbar werden deshalb, vorläufig resümierende und das Problemfeld ordnende Arbeiten zur Kenntnis genommen. Ein Beispiel ist der Aufsatz „Autonomie der Schule – Illusion oder realistische Perspektive?“, in dem vier Hauptlinien aus der laufenden Diskussion herauspräpariert werden (vgl. TILLMANN, 1995):

- Der Diskurs über „Demokratie“: Die größere Selbständigkeit der einzelnen Schule ergibt sich aus der Forderung, dass innerhalb einer demokratischen Gesellschaft auch die einzelnen Institutionen Möglichkeiten zur demokratischen Mitgestaltung und Mitverantwortung erhalten müssen.
- Der Diskurs über “pädagogische Entwicklung“: „Autonomie“ wird hier gefordert, damit „gute Pädagogik“ realisiert werden kann. Diese Argumentationslinie hat eine lange reformpädagogische Tradition; sie wird in sozialwissenschaftlich aufgeklärter Weise von den Konzepten der „Organisationsentwicklung“ ergänzt und weitergeführt.
- Der Diskurs über „Schule als Betrieb“: Modernes Management bei „flachen“ Hierarchien, flexibler Einsatz von Ressourcen, bessere Motivierung der Mitarbeiter, Erschließung zusätzlicher Finanzquellen (Drittmittel) werden hier als Stichworte genannt.
- Der Diskurs über „Sparpolitik und Arbeitsbelastung“: Weil über knappe Mittel am besten direkt „vor Ort“ entschieden werden sollte, ergibt sich aus der Sicht der Kultusadministration ein weiteres Argument für eine höhere Selbständigkeit gerade auch bei der Verwaltung von Geldern und dem Einsatz von Lehrerstunden.

Im Folgenden soll nach einem kursorischen historischen Teil dargestellt werden, wie das Konzept „Autonomie“ in Hessen konkret angegangen wurde.

## Von der Entstehung zur Verwirklichung einer Leitidee

Hessen hat seit 1992 ein Schulgesetz, das 1997 und 1999 novelliert wurde und dessen maßgebliche Kennzeichen Partizipation und Autonomie „vor Ort“ bilden. Und diese Kennzeichen sind vorwiegend demokratietheoretisch begründet: Wenn Kinder und Jugendliche für eine demokratische Gesellschaft erzogen werden sollen, dann müssen sie unter demokratischen Verhältnissen aufwachsen, wobei autonomes Denken, kritische Urteilsfähigkeit, moralisch verantwortliches Handeln und eigenverantwortliche Mitgestaltung im Rahmen entsprechender Lebens-, Arbeits-, Lehr- und Lernbedingungen nachdrücklich zu fördern sind. Hierzu braucht die Schule allerdings einen nicht nur tatsächlich erweiterten, sondern auch rechtlich gesicherten Freiraum zur Eigengestaltung.

Gesetze entstehen jedoch nicht über Nacht. Sie stellen in der Regel das Ergebnis langwieriger, verschlungener Entstehungs-, aber auch Aushandlungsprozesse dar.

Auch das hessische Gesetz hat eine solche Geschichte. Es ordnet sich in die jahrzehntelangen Bemühungen um eine zunehmende Demokratisierung des Schulwesens fugenlos ein. Erste Anfänge sind unmittelbar nach 1945 zu finden. Viele Dokumente aus jener Zeit belegen, dass die Demokratieentwicklung zunächst im Kontext von Umerziehungsprogrammen der Alliierten zu sehen ist. Hauptziel der amerikanischen Militärregierung in Hessen war es, das politische und geistige Leben und Denken der Deutschen im freiheitlichen demokratischen Sinn umzuformen und umzubilden und gleichzeitig das Wiederaufleben des Nationalsozialismus und des Militarismus zu verhindern. Eine wichtige Rolle sollte dabei dem Bildungs-

und Erziehungswesen zufallen. ERWIN STEIN – erster frei gewählter Minister für Kultus und Unterricht im Bundesland Hessen – formuliert allerdings einschränkend, „dass echte Demokratie nicht verordnet oder auferlegt werden kann“. Seine Anstrengungen galten der Förderung einer Erziehung zur Mündigkeit, zur Teilhabe am gesellschaftlichen Leben und zur „Verantwortung gegenüber Volk und Menschheit“.

STEINS Erlasse zur Einrichtung eines Landesschulbeirats (1947), zu „demokratischen Formen des Schullebens“ (1948), zur Schülermitverantwortung (1948) und zur Elternmitbestimmung (1949) sind Ausdruck der Bemühungen um eine „vollständige Umgestaltung der deutschen Lebensweise auf demokratischer und friedlicher Grundlage“, wie der Marburger Pädagoge Froese bereits 1969 formuliert hat.

In den Folgejahren setzte im Kontext des „Kalten Krieges“ das ein, was wir uns „Restaurationsprozess“ zu nennen angewöhnt haben. Von „Demokratisierung“ ist in den 1950er-Jahren und den frühen 1960er-Jahren jedenfalls kaum die Rede. Dass die Debatte um eine Demokratisierung der Schulverhältnisse jedoch nicht völlig versandete, ist vor allem HELLMUT BECKER, dem langjährigen Direktor des Berliner Max-Planck-Instituts für Bildungsforschung zu verdanken, der bereits 1956 die „verwaltete Schule“ kritisierte und die Stichworte „Autonomie“ und „Selbständigkeit“ ins Spiel brachte. Bekkers Anliegen war, „von den oft in Regeln erstarrten Institutionen“ „Handlungsmächtigkeit“ des Individuums durch Beteiligung an ihnen zurückzugewinnen. „Eine solche demokratische Partizipation kann durch Bildung ermöglicht werden.“(BECKER, 1956) Dieser Kerngedanke wird von Becker an anderer Stelle präzisiert: „Die Fähigkeit der Bürger, die komplexen Prozesse einer verwissenschaftlichten und politischen Gestaltung ihrer eigenen Existenzgrundlage zu verstehen und an ihnen sinnvoll zu partizipieren, ist nur dann gewährleistet, wenn das Bildungswesen Raum und Gelegenheit gibt, sie zu erwerben und zu üben.“ (vgl. 1956) BECKER blieb damals allerdings mit seinen Forderungen ohne Wirkung. Das öffentliche Meinungsklima war offenbar noch nicht reif.

Auch mit Beginn der Diskussion um die „Bildungskatastrophe“ Mitte der 1960er-Jahre geriet der Problemkomplex „Demokratisierung der Schule“ immer noch nicht ins Zentrum von Bildungsplanung und Bildungspolitik. Andere Probleme wie die des Lehrermangels und der fehlenden Schulbauten waren dringender. Allmählich jedoch kamen die Probleme der „verwalteten Schule“ mehr in den Blick. Parallel dazu rückte im Zusammenhang mit den Aktivitäten und Aktionen der Studentenbewegung der Begriff „Demokratisierung“ wieder in den Mittelpunkt öffentlicher Debatten. Die Regierungserklärung des Bundeskanzlers WILLY BRANDT ebenso wie die Antrittsrede des Bundespräsidenten GUSTAV HEINEMANN greifen die Debatte mit der Formel „Mehr Demokratie wagen“ auf; Forderungen nach Mitbestimmung und Partizipation sind seitdem aus den öffentlichen Diskussionen nicht mehr wegzudenken.

In der Empfehlung des Deutschen Bildungsrates von 1973 zur „verstärkten Selbständigkeit der Schule und *Partizipation* der Lehrer, Schüler und Eltern“ wurden diese Forderungen doppelt begründet: zum einen mit den Problemen, die aus jeder Überzentralisierung von Steuerungsprozessen für komplexe soziale Systeme erwachsen und zum anderen mit wachsenden demokratischen Ansprüchen in allen Lebensbereichen. (vgl. DEUTSCHER BILDUNGSRAT, 1973). Jedoch: Nicht die Gewährung von Partizipation und Autonomie war die Folge dieses Gutachtens, sondern die Auflösung des Deutschen Bildungsrates gerade wegen dieses Gutachtens, das konservativen Bildungspolitikern in jenen Jahren als nahezu „systemsprengend“ erschien. Auch in den 1970er-Jahren kam – sieht man von der deutlichen Verstärkung der Mitwirkungs- und Mitbeteiligungsmöglichkeiten von Eltern und Schülern gerade in Hessen ab – wenig in Bewegung, und selbst ein so entscheidender Text wie der Entwurf für ein Landesschulgesetz des Deutschen Juristentages von 1981 fand im Rahmen der Bildungspolitik und Bildungsplanung auch in Hessen zunächst keine Resonanz. Bis die Leitideen der Partizipation und Autonomie von Schule ihren – qua Recht – kodifizierten Niederschlag fanden, bedurfte es noch eines langen Weges. Erst infolge empirisch abgesicherter Erfahrungen aus der Industrie und Verwaltung über die Organisation von Entscheidungsprozessen erhielt die Demokratiedebatte entscheidende neue Impulse.

Ein neuer Anschub der Debatte ist aber auch der neueren *Schulforschung* zu verdanken, die Erkenntnisse über Schulreformprozesse sowie über Schuleffektivität und Schulqualität lieferte. Zum einen vermittelte sie die Einsicht in die begrenzte Wirksamkeit von so genannten „top down"-Innovationen, also von oben „verordneten" Reformen. Zum anderen betonte sie die Unterschiedlichkeit einzelner Schulen oder – zugespitzt gesagt – die „Individualität" von Einzelschulen. Ob Schulen „gut" oder „schlecht" seien, hänge nicht nur von äußeren Rahmenbedingungen ab, sondern auch davon, wie die einzelne Schule die Rahmenvorgaben umsetze, wie gut sie organisiert und geleitet sei, welche pädagogischen Orientierungen im Kollegium vorherrschen oder wie gut Lehrerinnen und Lehrer miteinander kooperieren würden – mit dem Ergebnis einer gemeinschaftlich herausgearbeiteten Schulkultur oder eines zerrütteten Schulklimas. „Mehr Autonomie für die Einzelschule ist eine zwangsläufige Voraussetzung, wenn Schulen auf die spezifischen Bedingungen ihrer Schülerschaft und ihres Einzugsgebietes angemessen reagieren sollen und ihr pädagogisches Konzept realisieren wollen" (STEFFENS / BARGEL, 1993).

Einschränkend sei allerdings angemerkt: Mehr Autonomie für die Einzelschule ist nicht das Allheilmittel für jedes Problem, das von der Schule gegenwärtig bewältigt werden muss. Wenn pädagogische Themen Mode werden, besteht die Gefahr, dass komplexe Problemkonstellationen schnell auf eine – eben diese – Dimension als alleiniges Lösungsmodell reduziert werden.

## Gesellschaftliche Individualisierung und Differenzierung als Voraussetzungen des Umdenkens

Schulpädagogische Visionen, demokratietheoretische Postulate, empirisch abgesicherte Erkenntnisse aus der Schulforschung und juristische Expertisen für eine demokratische Schulverfassung sind somit aufgrund der hier notwendig nur grob skizzierten Entwicklung als historische Voraussetzungen für das Hessische Schulgesetz und die mit ihm intendierte Schulgestaltung anzusehen. Aber nicht nur der politische Wille, die bekannten Konjunkturverläufe von Schulentwicklung, Schulreform und Bildungstheorie, auch der soziale Wandel der letzten Jahre hat offensichtlich die Durchsetzung des Autonomie- und Partizipationsgedankens ermöglicht. So haben etwa die aktuellen kulturellen und sozialen Lebensmuster zu einer Differenzierung und Vielfalt in allen Lebensbereichen, zu einer Pluralisierung von Lebensformen und sozialen Beziehungen und zu dem, was man sich „Individualisierung" zu nennen angewöhnt hat, geführt. Sie alle sind zentralen Steuerungsprozessen kaum mehr zugänglich.

Wir haben es hier mit Entwicklungen zu tun, die uns im Alltagsleben erst in den letzten Jahren zunehmend bewusst geworden sind. „*Individualisierung*" meint in Anlehnung an FEND (vgl. 1987) in diesem Zusammenhang zum einen, dass das „Projekt Leben" zum zentralen Bezugspunkt der eigenen Planung und Verantwortung (wird) ... Nicht Einordnung und das Ertragen von gegebenen Umständen, nicht die Aufopferung für eine Aufgabe oder der Einsatz für ein übergeordnetes Ganzes bilden den Bezugspunkt der Lebensorganisation, sondern die Entfaltung der eigenen Person. Demgegenüber bringt dieser Schub zur Individualisierung aber auch noch anderes als den verstärkten Zwang zur Selbstdurchsetzung hervor. Weil die Kinder und Jugendlichen angstfreier und selbständiger aufwachsen als früher und weil sie stärker darauf angewiesen sind, entwickeln sie auch früher die Fähigkeit, selbstgewählte soziale Beziehungen aufzunehmen und zu gestalten. Nicht nur das Potenzial gesellschaftlicher Desintegration, sondern durchaus auch die Chance selbstgesteuerter Integration werden vergrößert. Mit dieser Haltung der Individualisierung bei gleichzeitig vorherrschender Vielfalt haben zentrale und einheitliche Vorgaben wenig Chancen auf allgemeine Akzeptanz. Unter den so veränderten Lebensumständen wollen sich die Menschen nicht mehr alles zentral verordnen, sich nicht verorten und erst recht nicht „von oben" beglücken lassen. Jedenfalls müssen die Lebens- und Aufwachsensbedingungen der Kinder und Jugendlichen mehr als früher Bezugs- und Orientierungspunkt für die organisatorische und inhaltliche Gestaltung der Schule sein.

Am Rande sei angemerkt: In zunehmend mehr wirtschaftlichen und gesellschaftlichen Arbeitsfeldern setzen sich Selbststeuerung und Eigenverantwortung als Gestaltungsgrundsätze durch. Bemerkenswert sind die Parallelen zu den Diskussionen im Bereich der Unternehmen: allenthalben wird dort als Ausweg aus Krisensituationen der Einzelfirmen wie des Wirtschaftssystems das Konzept der „Lean-Production" empfohlen. „Lean-Production" bedeutet jedoch nicht nur Verschlankung der Produktion im Sinne einer Konzentration auf jene Bereiche, die das jeweilige Unternehmen am besten beherrscht; „Lean-Production" bedeutet im gleichen Maße die Entdeckung des Sachverstandes auch der Beschäftigten in der Produktion und ihre frühzeitige Einbindung in Planungen und Firmenstrategien. Ein solches Konzept kann allerdings nicht ohne Auswirkungen auf das jeweilige Rollenverständnis der Belegschaft bleiben, auf die „Unternehmenskultur" und die Möglichkeit der Identifikation mit der eigenen Arbeit. Der Diskurs über den Produktions- und Distributionsprozess lässt sich mittelfristig nicht auf die ökonomischen Fragen reduzieren; inzwischen sind auch die Arbeitsbedingungen und die Arbeitsformen Teil der innerbetrieblichen Diskussion.

## Autonomie der Schule als Grundgedanke des Hessischen Schulgesetzes

Fokus des hessischen Autonomiekonzepts ist das Hessische *Schulgesetz*, das durchaus auch und nicht zuletzt als Neubestimmung des Spannungsverhältnisses zwischen staatlichem Erziehungsauftrag und Pädagogik zu betrachten ist. Kernstück des Gesetzes ist die Erweiterung des Rechts der Schule auf Selbstverwaltung und pädagogische Eigenverantwortung: „Die Schule muss in ihren Unterrichtsformen und Methoden dem Ziel gerecht werden, Schülerinnen und Schüler zur Selbsttätigkeit zu erziehen. Zur Erfüllung des Bildungs- und Erziehungsauftrages der Schule wirken die Beteiligten, insbesondere Eltern, Lehrerinnen und Lehrer sowie Schülerinnen und Schüler zusammen. Alle Beteiligten müssen schulische Angebote und das Schulleben so gestalten können, dass die Schule in die Lage versetzt wird, ihrem Auftrag je nach örtlichen Gegebenheiten gerecht zu werden" (§ 3 Abs. 8 Hessisches Schulgesetz – HSchG).

Diese „Philosophie" des Gesetzes leitet sich aus dem gesellschaftlichen Wandel und den aus ihm resultierenden Ansprüchen an die Schule her (Stichworte: Veränderung der Schule vom Lern- zum Lebensort; veränderte Kindheit / verändertes Aufwachsen; Pluralisierung der Lebensformen und der sozialen Beziehungen; veränderte Anforderungen der Berufs- und Arbeitswelt; höhere Qualifizierungserwartungen und höhere Gewichtung von Schlüsselqualifikationen; veränderte politische Kultur durch Entfaltung partizipatorischer und demokratischer Elemente im Alltag; Wandel der Wertvorstellungen und -orientierungen). „Lebensfragen drängen sich für die Heranwachsenden vor Lernfragen", hat HARTMUT V.

HENTIG bündig und resümierend formuliert. Sein Opus magnum „Schule neu denken“ kann im Grunde als pädagogischer Kommentar zum Gesetz gelesen werden (vgl. V. HENTIG, 1993). Und GEROLD BECKER hat in diesem Sinne zu bedenken gegeben: Der Schule sei inzwischen eine weitere Aufgabe zugewachsen – neben denen der „Auslese“ und der rein stofflichen Vermittlung. Schulen müssen „viele der elementaren Sozialisationsleistungen erst ermöglichen, die früher offenbar viel selbstverständlicher von selbst stattgefunden haben, und die heute, eben nicht mehr von selbst, sich durch die Teilnahme an der Lebenslehre ereignen. Schulen dürfen heute noch weniger als früher nicht nur Lernschulen, sie müssten eigentlich Lebensschulen sein“ (vgl. G. BECKER, 1992). Bei der Verstärkung der Eigenständigkeit und der Handlungsräume der Schulen geht es jedenfalls um die Akzeptanz der Tatsache, dass sie jeweils ihr je eigenes komplexes Beziehungsgeflecht haben, dem ausschließlich zentrale Vorgaben nicht gerecht werden können. Und deshalb sind Schulen nicht nur dann gut, wenn sie überall möglichst gleich sind, sondern dann, wenn sie die Chance haben und sie nutzen, sich ein eigenständiges Profil zu geben.

Eine Institution, die zu Individualität erziehen will und soll, muss die Herausbildung von Individualität ermöglichen, zu der untrennbar auch die Herausbildung einer Schulindividualität gehört. Heute steht die „einzelne Schule als pädagogische Handlungseinheit“ (FEND, 1987) im Mittelpunkt des Bemühens, nicht mehr wie in den 1970er- und 1980er-Jahren die Schulstrukturdebatte. Die Fähigkeit zu eigenständiger pädagogischer Gestaltungskraft ist hierbei genauso unterstellt wie empirisch nachgewiesen. Das heißt aber auch, wie der hessische Schulrechtler FRANZ KÖLLER anders akzentuiert, „Abschied von der rechtlichen Fiktion der Gleichartigkeit öffentlicher Schulen zu nehmen. Sie waren es tatsächlich nie und dürfen es auch nicht sein, wenn sie auf die unterschiedlichen Anforderungen an Erziehung und Ausbildung ihres jeweiligen

Umfeldes pädagogisch angemessen reagieren sollen. Geboten, aber unabdingbar ist ein Maßstab der Gleichwertigkeit. Es ist ein verfassungskonformer Maßstab; etwas anderes verlangt das Grundgesetz auch nicht von den öffentlichen Schulen entsprechenden Privatschulen. Diesem Maßstab müssen die Entscheidungsalternativen, die der Gesetzgeber den Schulen zur Verfügung stellt, genügen." (vgl. 1992)

Welche Rahmenvorgaben wurden erarbeitet, verabschiedet, geplant, um die skizzierten Zielvorstellungen an den einzelnen Schulen praktisch werden zu lassen?

Wesentliche Intentionen des Gesetzes lassen sich mit einigen zentralen Stichworten markieren, die zugleich noch einmal die Komplexität und Vielschichtigkeit des Themas transparent zu machen vermögen:

- pädagogische Autonomie durch größere Freiräume in Richtlinien, Lehrplänen und bei der Erprobung neuer Unterrichtsformen,
- Organisationsautonomie durch größere Entscheidungsfreiheit etwa über Klassenorganisation und Lehrerstunden,
- personelle Autonomie durch mehr Mitbestimmung bei der Auswahl der Lehrerinnen und Lehrer, des Schulleiters / der Schulleiterin,
- finanzielle Autonomie / Verwaltungsautonomie als Entscheidungsmöglichkeit über die zur Verfügung stehenden Mittel,
- Evaluationsautonomie als Abbau der Kontrolle von oben und stärkeres Überprüftwerden durch die Schulgemeinde im Rahmen der staatlichen Verantwortung.

Einigen dieser Stichworte soll im Folgenden – sie allerdings etwas anders sortierend und bündelnd – ausführlicher nachgegangen werden.

## Die Schulkonferenz als Träger von Autonomie

Das entscheidend neue Instrument für die Erweiterung der Entscheidungskompetenzen vor Ort, der Ermöglichung von mehr Partizipation und für die Öffnung der Schule ist die im Gesetz verankerte *Schulkonferenz.* Sie ist nicht nur ein Beratungsgremium wie in einigen anderen Bundesländern, nicht nur ein lediglich formal-demokratisches Additum ohne wesentliche Zuständigkeiten; sie ist vielmehr als das Gremium mit umfangreichen Entscheidungs- und Leitungskompetenzen, das seine Legitimation aus der Vertretung der Schulgemeinde in ihrer Gesamtheit gewinnt, das Instrument der Selbstverwaltung und -gestaltung der Schule. Denn Schule kann heute überhaupt nur gelingen, wenn sie als gemeinsames Projekt der an ihr Arbeitenden, der von ihr Betroffenen und ihres sozialen Umfelds begriffen wird.

In der Zuständigkeit dieses neuen Leitungsorgans liegen vor allem Entscheidungen über die Fragen der Unterrichts- und Schulgestaltung, die der Gesetzgeber nicht mehr selbst treffen, sondern der Schule überlassen will. Im Gesetz wird die Schulkonferenz definiert als das „Organ gemeinsamer Beratung und Beschlussfassung, in dem Lehrerinnen und Lehrer, Eltern sowie Schülerinnen und Schüler (Schulgemeinde) zusammenwirken. Sie berät alle wichtigen Angelegenheiten der Schule und vermittelt bei Meinungsverschiedenheiten“ (§ 128 Abs. 1 HSchG). Die Hälfte der Mitglieder der Schulkonferenz wird von der Gesamtkonferenz der Lehrer bestimmt. Die besondere Verantwortung, die Lehrkräfte aufgrund ihrer beruflichen Stellung für die Arbeit der Schule haben, erfordert, dass diese bei einer entscheidungsstarken Schulkonferenz auch ein angemessenes Gewicht haben. Die zweite Hälfte der Mitglieder wird vom Schulelternbeirat und vom Schülerrat gewählt. Die Zusammensetzung der Eltern- und Schülerbank variiert nach Schulstufen. Den Vorsitz führt der Schulleiter oder die Schulleiterin. Um das Gewicht der Schulkonferenz zu unterstreichen, sei wenigstens an einige der ihr eingeräumten

Entscheidungsrechte (nach § 129 HSchG) erinnert:

Die Schulkonferenz entscheidet z. B. über

- Grundsätze für die Einrichtung und den Umfang freiwilliger Unterrichts- und Betreuungsangebote,
- Grundsätze für Hausaufgaben und Klassenarbeiten,
- Grundsätze für die Mitarbeit von Eltern und anderen Personen im Unterricht,
- den schuleigenen Haushalt im Rahmen der Richtlinien.

Anzuhören ist die Schulkonferenz nach § 130 des Hessischen Schulgesetzes u. a. bei der Durchführung von Schulversuchen im Rahmen eines Landesprogramms sowie bei Entscheidungen über die Schulorganisation.

Am bedeutsamsten ist allerdings das Recht der Schulkonferenz, dem *Schulprogramm* zuzustimmen, mit dem die Schule nach § 127b Abs. 2 HSchG „ihre pädagogische Verantwortung für die eigene Entwicklung und die Qualität ihrer pädagogischen Arbeit wahrnimmt.“ Das Schulprogramm ist also sowohl Mittel zur Selbstvergewisserung und verbindlichen Dokumentation der eigenen pädagogischen Möglichkeiten und Ziele im Rahmen des vorgegebenen Bildungs- und Erziehungsauftrags und der verbindlichen Standards als auch ein Ansatz zur Selbstkontrolle. Der Rekurs auf die kleine Einheit ist vor allem eine Reaktion auf die wachsende Problemkomplexität, die nach Eingrenzung verlangt. Für die Schule stellt sich diese dar als eine unbegrenzte Addition von Erwartungen, die auf sie einstürzen und die zwangsläufig nicht einzulösen sind. Es gibt eben nicht mehr „die“ richtige Antwort auf drängende Fragen, sondern differenzierte Antworten, von denen manche an der einen Stelle richtig, an anderer aber falsch sein können. Die einzige Konsequenz der Schule in dieser Situation ist, selbstreflexiv zu fragen: Was ist in unserer konkreten Situation, in unserem konkreten, auch sozialen, stadtteilbezogenen Umfeld wichtiger als anderes und anderswo?

Das Schulprogramm – als Programm eben nicht aller Schulen, sondern der konkreten Schule – lebt von der Einsicht, dass die Reduktion der Problemkomplexität nicht überall auf die gleiche Weise wahrgenommen werden kann, dass Differenzen in den Antworten von Schule zu Schule somit kein Defizit, sondern ein Erfordernis sind, wenn der Rekurs auf die Handlungsfähigkeit der kleinen Einheit ernst gemeint ist. Die Antwort auf die allgemeinen Fragen muss sich im Besonderen finden. So wird das Programm zur Grundlage einer regelmäßigen Bilanzierung der pädagogischen Arbeit der Schule, ihrer Erfolge und Schwierigkeiten, vielleicht auch Niederlagen, jedenfalls Schulprogramme werden so verschieden sein wie die Schulen selbst. Damit setzen sie aber auch einen Maßstab, der Überprüfung gestattet; es ist die Basis für das, was interne Evaluation genannt wird: die Bereitschaft und die Fähigkeit, sich selbst Rechenschaft abzulegen über die gesamte Schule und das, was dort geschieht.

Wie am prominenten Beispiel „Schulprogramm" deutlich wurde, ist die Schulkonferenz also „kein Partizipationsorgan im Sinne des Kontrollmodells, in dem ein Vertretungsgremium der Entscheidung des Entscheidungsträgerzustimmen oder die Zustimmung verweigern darf; es ist selbst Entscheidungsorgan, Schulleitung" (KÖLLER, 1992). Betrachtet man den Katalog der Entscheidungs- und Mitwirkungsrechte der Schulkonferenz wird man feststellen, dass er zu einem wesentlichen Teil Entscheidungen erfasst, die sich der Staat in der Regel bisher selbst vorbehalten hatte, und zwar entweder dadurch, dass er sie selbst normativ geregelt hatte, oder dadurch, dass er entsprechende Entscheidungen durch die Schulaufsicht treffen ließ. Die Schulkonferenz – das Gremium der Partizipation schlechthin und das Herzstück der neu definierten Selbstverwaltung der Schulen – soll jedenfalls alle die Entscheidungen treffen, die für die Profilbildung der Einzelschule wichtig sind.

Zu unterstreichen ist an dieser Stelle – was ein hessisches Spezifikum ist und häufig übersehen wird –, dass nach den Intentionen des Schulgesetzes, das in seiner Gänze bereits eine avancierte pädagogische Praxis von Schule festschreibt, die Schulkonferenz ja keineswegs gezwungen ist, ihre Rechte und Gestaltungsmöglichkeiten auszuschöpfen oder dass die Schulen verpflichtet sind, sich so, wie das Gesetz es ermöglicht, zu entwickeln. Hier wie bei anderen Elementen des Autonomiekonzeptes gilt: Es wäre widersinnig, Autonomie zu verordnen. „Frei ist nur, wer frei sein will", spitzt Hermann Lange zu. „Schulautonomie kann deshalb nur ein Angebot an Schulen sein. Ob sie es annehmen werden, liegt bei ihnen" (LANGE, 1995).

Der Status der Schulleiterinnen und Schulleiter bleibt nach dem Gesetz grundsätzlich unverändert. Bei ihnen verbleibt die Gesamt- und Endverantwortung für die Schule. Ihre pädagogischen Aufgaben und Pflichten sind besonders hervorgehoben. Ja, der Status der Schulleiterinnen und Schulleiter wurde eher noch gestärkt. Dies resultiert aus der Überlegung, dass ein höheres Maß an eigenverantwortlicher Gestaltung und Selbstverwaltung der Schule auch ein höheres Maß an Verantwortung bedingt. Und deshalb müssen den Schulleiterinnen und Schulleitern auch solche Führungsmittel in die Hand gegeben werden, die sie in die Lage versetzen, dieser Verantwortung gerecht werden zu können. Sie verfügen über ein erweitertes Weisungsrecht gegenüber den Lehrerinnen und Lehrern und über ein pädagogisches Beanstandungsrecht gegenüber den Konferenzen. Oder (um bündiger zu formulieren): Zur erweiterten Freiheit gehört untrennbar die öffentliche Verantwortung. Deshalb sollen die Schulen jeweils ein Schulprogramm entwickeln. Das ist ein Selbstverständigungsprozess, den der Schulleiter steuern und die Umsetzung der Ziele verantworten muss. Unter dem Aspekt der tatsächlichen Entwicklung der Einzelschule und der intendierten Freisetzung von kreativen und produktiven Kräften wird dieser Prozess selbst vermutlich wichtiger sein als seine Ergebnisse.

## Autonomie bei der Gestaltung des Unterrichts

Beschreibt die Liste der Zuständigkeiten der Schulkonferenz (aber auch der Gesamkonferenz) bereits das breite Spektrum dessen, was auf Schulebene abschließend beraten und entschieden werden kann, so werden diese Rechte vor allem in Hinsicht auf pädagogische und organisatorische Fragen durch weitere Regelwerke ergänzt (z. B. die Verordnung über die Stundentafeln vom 19. April 2000). Ihnen liegt die schlichte Feststellung zugrunde, dass pädagogische Autonomie dann eine Farce bleibt, wenn organisatorische Fesseln sie so einengen, dass sie nicht praktisch werden kann. Für die Grundschule wird im Rahmen der *Stundentafel* vor allem auf eine Verstärkung und Absicherung solcher pädagogischen Konzepte geachtet, die in Ansätzen bereits verbreitet und für diese Schulform von besonderer Bedeutung sind: altersgemäße Rhythmisierung des Schultages, neue Arbeitsformen wie freie Arbeit und Arbeit nach Wochenplan, fachübergreifender Unterricht sowie ein kindgerechter Zugang zu Fremdsprachen. Für die Stundentafel der Sekundarstufe I der allgemein bildenden Schulen war zwar auch die Verstärkung reformpädagogischer Ansätze wesentliches Ziel – etwa die Möglichkeit, Projektunterricht und Projektwochen, fachübergreifende Vorhaben unkompliziert durchführen oder die in der Grundschule verankerte „freie Arbeit" weiterführen zu können –, allerdings werden auch Entscheidungen über eine Reihe formaler wie inhaltlicher Eckdaten des Unterrichts in das Bemessen der Schule bzw. der Gesamtkonferenz gestellt. Es sind dies zum einen die Entscheidungen über die Zusammenfassung von Fächern zu Lernbereichen (Lernbereiche werden dann Naturwissenschaften und Gesellschaftslehre), zum anderen mittel- bis längerfristige Abweichungen von den quantitativen Vorgaben der Stundentafeln; dies kann in zwei Formen geschehen: Entweder durch Epochalisierung einzelner Fächer in der Hauptschule oder durch dauerhafte Abweichungen, die pro Fach im Rahmen der Mittelstufe bis zu zwei Stunden im

Schuljahr umfassen können. Erst die Abweichungen, die über dieses Maß hinausgehen, bedürfen der Zustimmung durch die Schulaufsicht. Solche dauerhaften Abweichungen dienen der Verstärkung eines bestimmten Profils der Schule oder als besondere Hilfe beim Übergang von der Schule in den Beruf.

Zu den Regelungen der Stundentafel tritt ergänzend die völlige Überarbeitung der Lehrpläne für die Grundschule und die Sekundarstufe I, die kurz vor dem Abschluss steht. Auch die Lehrplanarbeit steht unter folgender Voraussetzung: Wenn im Zuge der gegenwärtigen Entwicklung jede einzelne Schule ausgeprägter zu einer pädagogischen Handlungseinheit werden soll, setzt dies ein hohes Maß an Gestaltungsautonomie voraus. Die notwendigen allgemein verbindlichen Vorgaben müssen zurückgenommen werden, und die Schule muss die Möglichkeit erhalten, pädagogische Vielfalt zu pflegen, aber auch spezifische Schwerpunkte zu setzen und auf die besonderen Anforderungen ihres sozialen Umfelds zu antworten. Gleichzeitig muss aber durch ein hohes Maß von Verbindlichkeit der Rahmenentscheidungen die Vergleichbarkeit zwischen den Schulen gesichert werden. Damit gewinnt *Lehrplanentwicklung* eine neue Qualität. Lehrpläne können nunmehr in der Tat nur Rahmenvorgaben sein, die in keinem Fall die gesamte Unterrichtszeit „verplanen" sollten; die magische Zahl von 60 % Festlegung des Unterrichtsstoffes wird in den neuen Plänen angepeilt. Dies bedeutet konkret: Einerseits müssen die Pläne Vorgaben sein, das staatlich garantierte Recht aller auf Bildung zu sichern, indem sie der Verallgemeinerungsfähigkeit von Zielvorstellungen und grundlegenden Qualitätsanforderungen entsprechen. Andererseits ist es dann Sache der Schule, auf dieser Basis ein schuleigenes Curriculum zu entwickeln, das der Individualität der Schule, ihren je besonderen Bedingungen, dem von ihr angebotenen Bildungsgang, ihrem Schulprofil, ihrem Schulprogramm gerecht wird. Dies wird im industriellen Ballungsraum mit Sicherheit anders akzentuiert sein als etwa an einer Schule in einem Landkreis.

Die neuen Lehrpläne legen also nur fest, was von allen Schülerinnen und Schülern verbindlich gelernt werden soll: Sie beschreiben ein *Kerncurriculum*, das ausdrücklich nicht die gesamte verfügbare Unterrichtszeit verplant, sondern Spielräume für die pädagogische Gestaltung lässt. Sie sind in der Sekundarstufe I zukünftig nach Bildungsgängen gegliedert, das heißt, sie beschreiben das, was Schülerinnen und Schüler für einen erfolgreichen Abschluss ihres Bildungsgangs bzw. für den Übergang in die Gymnasiale Oberstufe lernen sollen. Auch in diesem Sinn stellen sie ein Kerncurriculum dar. Damit akzentuieren sie im notwendigen pädagogischen Wechselspiel zwischen Verbindlichkeit und Freiraum, Gefordertem und Fakultativem jeweils das erstere; sie entlasten damit Lehrer und Lehrerinnen zu einem Teil von der Verantwortlichkeit der Entscheidung zwischen allzu vielen Möglichkeiten, ermöglichen ihnen aber andererseits auch im Unterricht explizit Spielräume, die sie nutzen können, – ohne schlechtes Gewissen und Rechtfertigungszwänge. Die Sicherung von verbindlich zu Lernendem, die Setzung bestimmter pädagogischer und fachlicher 'Normen' wiederum ist notwendig auf Grund des Rechtes aller Schüler und Schülerinnen auf vergleichbare Bildung und Qualifizierung, als Vorsorge für größtmögliche Chancengleichheit, als Schutz vor Willkür und sozial unverantwortlichen Experimenten und im Sinne einer übergeordneten Qualitätskontrolle. Dieser Verantwortung kann sich der Staat nicht entziehen – auch wenn er die kreative und autonome Gestaltungskraft der Subjekte und Institutionen stärken will und gerade dann.

## Verstärkung der personellen Autonomie

Die pädagogischen und organisatorischen Freiräume der Schule müssen ergänzt werden durch Entscheidungskompetenzen bei der Auswahl der Lehrerinnen und Lehrer. Die Eigenständigkeit der Schule stärken, dazu gehört auch, dass die Bereitstellung von Lehrkräften nicht nur über den zentralen

Verwaltungsmechanismus erfolgt. Der Erweiterung der Schulkompetenzen dient auch ein flexibleres Stellenbesetzungsverfahren. Selbstverständlich wird auch in Hessen zukünftig der größte Teil der Lehrerzuweisung zentral gesteuert bleiben. Es wurde aber bereits daneben die Möglichkeit geschaffen, dass jede Schule beantragen kann, Stellen an der Schule für sich selbst auszuschreiben, also zu erklären, dass sie mit einer Stellenbesetzung aus dem zentralen Verfahren herausgenommen werden will – wenn sie beispielsweise jemanden mit einer ganz bestimmten Qualifikation sucht. Dabei geht es sicher nicht nur um einen Deutsch- oder Englischlehrer, sondern um einen, der vielleicht auch schon Theatererfahrung hat und dessen Hintergrund für die Schule wichtig ist, weil es dort eine engagierte Schultheaterarbeit gibt, oder um einen Grundschullehrer, der auch türkisch sprechen oder zumindest verstehen kann.

## Finanzielle Autonomie

Eine Dezentralisierung und Regionalisierung der Schulgestaltung wäre dann unfertig, wenn bei ihrer Konzeption nicht die Frage nach der *Budgetierung* gestellt würde. Sowohl die Erweiterung der Entscheidungskompetenzen der einzelnen Schule als auch ihre Öffnung für neue Arbeitsweisen unter Einbezug ihres regionalen Umfelds bliebe ohne die Möglichkeit der eigenen Verwaltung von sächlichen und personellen Mitteln halbfertig. Das Schulgesetz ermöglicht zwei wesentliche Veränderungen im Bereich der Verwaltung der Schulen:

- Durch Anordnung die Schulleiterin oder den Schulleiter zur rechtsgeschäftlichen Vertretung des Landes gegenüber Dritten zu bevollmächtigen (§ 88 Abs. 3 Ziff. 6 HSchG), um so zum Beispiel eigenverantwortlich Verträge abschließen und – soweit ihnen für diesen Zweck entsprechende Mittel zu Verfügung stehen – für das Land und den Schulträger finanzielle Verpflichtungen eingehen zu können. Dies ist vor allem im Zusammenhang mit Bemühungen zur Öffnung der

Schule von Bedeutung, bei denen Mitarbeiter gewonnen werden, die weder Lehrkräfte sind noch ehrenamtlich arbeiten. Weiterhin fallen solche Vereinbarungen dann an, wenn Kooperationsverträge mit anderen Organisationen oder Institutionen geschlossen werden, bei denen es zwar nicht um Entgelte oder Honorare geht, aber um die Abgrenzung der jeweiligen Zuständigkeiten und Verantwortlichkeiten.

- Die flexible Handhabung finanzieller Mittel. Durch eine veränderte Form der Haushaltsführung sollen insbesondere auch Drittmittel erschlossen und verwaltet werden können. Das Stichwort heißt *Budgetierung*. Die Grundlage ist folgende Formulierung im Gesetz: „Die Schulträger sollen den Schulen für einen eigenen Haushalt die Mittel der laufenden Verwaltung und Unterhaltung und die Mittel zur Verbesserung der Lernbedingungen zur Verfügung stellen sowie die Entscheidungsbefugnisse sowie die Entscheidungsbefugnis über deren Verwendung nach Maßgabe ihrer jeweiligen Richtlinien einräumen … Satz 1 und 2 gelten entsprechend für Mittel des Landes, die es Schulen zur Verfügung stellt. Über den Haushalt beschließt die Schulkonferenz auf Vorschlag der Gesamtkonferenz …" (§ 127 Abs. 3 HSchG)

Der Grundgedanke hierbei ist, stärker auf Kompetenzen, Phantasie, Motivation und Verantwortung der Beteiligten vor Ort zu setzen und damit auch ihre Identifikation mit der Schule zu stärken. Kern entsprechender Bemühungen ist, die für eine Schule bereitgestellten Mittel zu bündeln, die Haushaltstitel weitgehend gegenseitig deckungsfähig zu machen und die Entscheidung über ihre Verwendung soweit wie möglich der Schule zu überlassen.

Einsparungen auf der einen Seite lassen Mehrausgaben bei einer anderen Position zu. Erwirtschaftete Mittel sollen den Schulen zumindest in größeren Anteilen über das Haushaltsjahr hinaus erhalten bleiben und verwendet werden können.

Die angestrebte Lösung wird natürlich nie so flexibel sein, wie die privatwirtschaftliche Verfügung über Kapitalien; aber sie schwächt vor allem jene Mechanismen der Kameralistik ab, die die Schule zwingen, überhöhte Preise zu zahlen, günstige Angebote nicht wahrnehmen zu können oder Gelder nicht optimal verwenden zu können, da der Termin des Jahresabschlusses naht und Restmittel andernfalls der Schule verloren gehen.

## Reform der Unterstützungssysteme

Reformen im Schulwesen, die der aktiven Anpassung an sich ständig verändernde gesellschaftliche Anforderungen dienen, ebenso wie die einfallsreiche Auseinandersetzung von Einzelschulen mit den sich aus ihrer regionalen Umwelt ergebenden je besonderen Problemlagen und Anforderungen (und deren produktive Verarbeitung in einem pädagogisch geprägten organisatorisch-inhaltlichen Gestaltungszusammenhang) stellen hochkomplexe und voraussetzungsreiche politisch-administrative und soziale Prozesse dar. Voraussetzung der Konkretisierung der Reformprogramme und ihrer Umsetzung in die Alltagspraxis der Einzelschule ist die von Sachkenntnis angeleitete Mitarbeit aller Beteiligten auf den verschiedenen Ebenen des Schulsystems, vor allem auch der zwischen ihnen herzustellende Konsens. Dabei erweist sich das Verhältnis von politisch verantworteter Programmplanung einerseits und ihrer Umsetzung auf der Ebene der Einzelschule andererseits als kein bloß von oben nach unten zu deduzierendes und zu organisierendes Verhältnis von Rahmen und Detail, von administrierter Entscheidung und bloß konkretisierender Ausführung, das mit den klassischen Mitteln des Verwaltungshandelns allein gestaltet werden könnte. Rahmen und Detail stehen vielmehr in einem komplizierten Spannungsverhältnis. Der Paradigmenwechsel der Schulentwicklung – unter den Stichworten Dezentralisierung und Autonomie – berührt in gleichem Maße wie die Schule selbst deshalb auch ihre *Unter-*

*stützungssysteme*. In Hessen fand man diese institutionell als dreistufige Schulaufsicht (Schulämter / Regierungspräsidien / Kultusministerium), als Institut für Lehrerfortbildung (regional und zentral), als Institut für Bildungsplanung und Schulentwicklung, als Landesbildstelle mit ihren jeweiligen Kreisbildstellen vor. Eine Neugestaltung der Steuerungs- und Unterstützungssysteme war also überfällig und wurde auch forciert betrieben. Auch hier gilt, dass der Prozess der Schulentwicklung nicht mehr hierarchisch vermittelt und nicht mehr zentral über diese Systeme gelenkt werden kann. Die Leitlinie des Umbaus der staatlichen Unterstützungssysteme und ihrer Organisationsstrukturen besteht (Stichwort: Verlagerung von Zuständigkeiten nach unten), daher in der Schaffung von mehr Transparenz in Entscheidungsprozessen, der Straffung von Arbeitsabläufen und einer stärkeren Regionalisierung der Schulentwicklung.

In erster Linie ist die *Schulaufsicht* berührt. Die erweiterten Handlungsspielräume der Schulen und ihre damit verbundene größere Eigenverantwortung bedingen eine grundlegend veränderte inhaltliche Ausrichtung der Schulaufsicht. Deshalb betont das Hessische Schulgesetz nachdrücklich ihren Beratungs- und Unterstützungsauftrag (§ 92 Abs. 11 HSchG). Pädagogische Freiheit, Gestaltungsfreiheit kann jedoch nicht Freiheit von Aufsicht heißen. Fach- und rechtsaufsichtlich muss es jederzeit nachvollziehbar sein, ob eine Schule den ihr gesetzten Rahmen und die vorgegebenen Standards einhält. Das Schulgesetz weist sowohl den Schulaufsichtsbehörden wie auch dem Hessischen Landesinstitut für Pädagogik die Aufgabe zu, Schulen in ihrer Entwicklung – besonders hinsichtlich ihres Schulprogramms – zu beraten und zu begleiten. Grundsätzlich entscheidet die Schule allerdings selbst, von wem sie sich beraten lassen will. Nicht mehr Hierarchie, Weisung und Genehmigung sollen das Verhalten der Beteiligten und Betroffenen zueinander dominieren, sondern primär Unterstützung, Beratung und Überzeugung.

Allerdings schließen Selbstgestaltung und Selbstverantwortung auch die Pflicht zur öffentlichen Rechenschaftslegung ein. Dies ist kein Widerspruch: Zur erweiterten Freiheit gehört untrennbar die öffentliche Verantwortung. Der Aufbau eines Berichterstattungs-, eines Evaluationssystems im Zusammenhang mit dem Schulprogramm muss deshalb im Rahmen der Reform der Schulaufsicht dringlich in Angriff genommen werden, damit der Staat seiner Gesamtverantwortung (Stichworte: Standardsicherung, Qualitätsentwicklung, Vergleichbarkeit usw.) genügen und die Schulaufsicht ihren Unterstützungsauftrag aufgrund der so gewonnenen Informationen wahrnehmen kann. Deshalb hat das Staatliche Schulamt auch die Zuständigkeit, dem Schulprogramm und seiner Fortschreibung zuzustimmen bzw. die Zustimmung zu versagen.

Dezentralisierung der Entscheidungskompetenzen auf allen Ebenen der Schulaufsicht schließt auch ein, dass komplizierte Instanzenzüge entfallen sowie die Dienstwege verkürzt, Genehmigungsvorbehalte gekürzt und Doppelbearbeitungen abgebaut werden. Am Ende des Prozesses der Umorientierung steht eine lediglich zweistufig organisierte Schulaufsicht (Schulämter in reduzierter Zahl / Kultusministerium), die ihrerseits eng mit den anderen Unterstützungseinrichtungen kooperiert. Auch hier heißt die grundlegende „Philosophie“ Dezentralisierung und Kooperation. Die inhaltliche Ausrichtung und das Dienstleistungsangebot der Institutionen, die mit der Weiterentwicklung des Schulwesens befasst sind, haben sich daher ebenfalls einem Wandlungsprozess unterzogen.

Die drei Landesinstitute Hessisches Institut für Bildungsplanung und Schulentwicklung (HIBS), Hessisches Institut für Lehrerfortbildung (HILF) und Landesbildstelle, die vorher je selbständig, teilweise konkurrierend oder mit Doppelungen arbeiteten, wurden zu einem gemeinsamen „Dienstleistungsangebot“ verdichtet, das sich noch mehr als bisher am Unterstützungs- und Beratungsbedarf der Schulen wie auch der einzelnen Lehrkräfte orientiert und Erkenntnisse der Praxis sowie der Wissenschaften vermitteln soll. Als dafür am besten geeignete Organisationsform erscheint ihr Zusammenschluss zu einem Landesinstitut als einer Dienststelle mit Regionalstellen, die in den verschiedenen Landesteilen angesiedelt sind und im Grunde Weiterentwicklungen der bereits vorhandenen und bewährten regionalen Agenturen darstellen. *Lehrerfortbildung* erfährt mit der zentralen Bedeutung der Einzelschule und innerschulischer Kooperationsstrukturen für die Weiterentwicklung und Verbesserung der Unterrichtsqualität ebenfalls eine neue organisatorische und inhaltliche Ausrichtung. Dabei rückt durchgehend die Verknüpfung der Fortbildung mit Schulentwicklungsaufgaben in den Mittelpunkt. Vorrangige Aufgabe staatlich organisierter Fortbildung wird es zukünftig sein, Schulen zu unterstützen und zu beraten, die Qualität schulischen Lernens zu sichern und zu verbessern. Dies schließt Klärungsprozesse im Fortbildungsverständnis der Lehrerschaft mit ein und hat auch Auswirkungen auf Adressaten und inhaltliche Schwerpunkte. Zentrale Fortbildungsangebote umfassen vor allem Qualifizierungsmaßnahmen für die Wahrnehmung von Beratungs- und Unterstützungsleistungen „vor Ort". Bei der Sicherung des fachlichen Fortbildungsbedarfs kooperiert das Landesinstitut verstärkt mit so genannten Freien Trägern, den Hochschulen und Fachverbänden.

## Einige Folgerungen in bildungsplanerischer und pädagogischer Sicht

Alle Erfahrungen verweisen darauf, dass die Bemühungen um eine verstärkte Selbständigkeit der einzelnen Schule nicht „eindimensional" erfolgen dürfen. Das pädagogische Konzept, das mit der Formel „mehr Autonomie" intendiert ist, kann keinesfalls allein durch Gesetze, Verordnungen oder Verwaltungshandeln mit Leben erfüllt werden. Unabdingbare Voraussetzung für den Erfolg solcher Bestrebungen ist vielmehr, dass es an den Schulen und in ihrem Umfeld Menschen gibt, die Autonomie auch tatsächlich zu praktizieren bereit sind. Bildungspolitik, Bildungsplanung „von oben", wie sie hier skizziert wurde setzt unabdingbar Gestaltungswillen „von unten" voraus, sonst läuft sie ins Leere. Spätestens hier ist der Ort, einige Anmerkungen zum Stichwort „Kooperation" zu machen. Unstreitig ist wohl Folgendes: *Lehrerarbeit* ist überwiegend individuell gestaltete, auf Unterricht bezogene, selbständige Einzelarbeit, ereignet sich aus der Sicht des einzelnen Lehrers, der einzelnen Lehrerin weitgehend autonom. Deshalb sind Lehrerinnen und Lehrer den Veränderungen ihres Berufsalltags gegenwärtig in der Regel unvermittelt ausgesetzt; sie erfahren die veränderten, als erhöhte Anforderungen wahrgenommenen Belastungen als Einzelne („Kultur der Vereinzelung"). Wenn die einzelne Schule nun einen größeren pädagogischen Handlungsspielraum erhält, wenn wesentlich mehr und komplexere Entscheidungen zukünftig auf der Schulebene getroffen werden, wenn sie sich zukünftig als lernende Organisation verstehen muss, dann müssen die einzelnen Lehrerinnen und Lehrer weit stärker als bisher miteinander (aber auch mit den anderen Mitgliedern der Schulgemeinde) diskutieren und kooperieren, müssen sich an das pädagogische Konzept halten, das man miteinander vereinbart, ausgehandelt, an die pädagogischen Ziele, die man gemeinsam geklärt und abgestimmt hat, müssen sich ihrer Schule insgesamt verpflichtet fühlen. Der Perspektivenwechsel von „Ich und meine Klasse, ich und mein Fach" hin zu „Wir und unsere Schule", der unabdingbar nötig ist, soll erziehender Unterricht gelingen, wird sicher in der Praxis nicht von heute auf morgen zu bewerkstelligen sein; er ist in der Tat ja auch ein gravierender hinsichtlich des Selbstverständnisses der im Durchschnitt nicht eben jünger gewordenen Kollegien.

Insofern ist der Druck in Richtung größerer Selbständigkeit der Einzelschule auch ein Stück Zumutung für die Lehrerinnen und Lehrer, wenn auch eine Zumutung in die richtige

Richtung. Denn in dem Maße, in dem das Aufwachsen in dieser Gesellschaft immer komplizierter und die Erwartungen an die Schule immer vielschichtiger werden, braucht jede Schule ihre ganz spezifische „Passung“: das Konzept, das nicht verordnet, sondern nur von den Beteiligten selbst entwickelt werden kann! Und damit verbunden ist aber auch die Anforderung an Lehrerinnen und Lehrer, über den Zaun ihres eigenen Unterrichts hinauszublicken, bisherige Positionen infrage zu stellen und bereit zu sein, sich neuen Aufgaben zuzuwenden. Wenn unsere Schulen ihre handlungsleitenden Werte, die Orientierungen für ihre Erziehungskonzepte im Spektrum der europäischen Aufklärung finden, wenn deren zentrale Idee der Mündigkeit nach wie vor gültig ist, dann findet die aktuelle Diskussion über ihre „Autonomie“ hier ihre wichtigste, weil pädagogische Begründung. Denn Mündigkeit als Zielvorstellung pädagogischen Handelns – verstanden als Verbindung von Selbstbestimmung und Verantwortungsübernahme – verlangt ebenso wie die Natur des pädagogischen Handelns selbst nach Gestaltungsfreiheit, verlangt nach einer mündigen Schule. Aber noch einmal: Größere Selbständigkeit der Einzelschulen muss in einem definierten Rahmen zum Tragen kommen, der eine Balance herstellt zwischen eigenverantwortlichen Entscheidungen vor Ort und weiterhin bestehender staatlicher Gesamtverantwortung. Verstärkte Autonomie kann aus allen diesen Gründen also kein formales Additum des schulischen Bildungsprogramms sein, sondern muss als ein unverzichtbarer, allem pädagogischen Planen und Handeln integrierter Konzeptbaustein begriffen werden: Isolierte Veränderungen eines Teilsystems bleiben folgenlos. Folgenreich ist ein Veränderungskonzept nur, wenn es alle betroffenen Teilbereiche aufeinander bezieht.

Deshalb gilt mehr Autonomie nicht nur für die Einzelschule und ihre Unterstützungssysteme, sondern auch für die Schulträger. Gerade in Hessen gab es für Bildungsplanung von oben eine lange Tradition; zu erinnern ist an die Schulentwicklungspläne des Landes oder die gesetzlichen oder administrativen Vorgaben für die flächendeckende Einführung bestimmter Schulformen. Seit durch das Hessische Schulgesetz die Entscheidung über die regionale Schulstruktur dem Schulträger (und damit sehr unterschiedlichen politischen Konstellationen) überlassen bleibt, sind die Zeiten flächendeckender Maßnahmen wohl ebenso vorbei, wie umgekehrt aber auch die Möglichkeiten kaum mehr gegeben sind, traditionelle Schulsysteme flächendeckend zu restaurieren.

Das Gesetz stellt insofern auch eine Einladung dar, vor Ort gewachsene Schullandschaften zu respektieren und über ihre Weiterentwicklung auch vor Ort entscheiden zu lassen. Was für die eine Schule gut ist, muss nicht auch für die andere Schule gut sein, weil bildungsplanerische Vorstellungen und Vorgaben auf je unterschiedlich zusammengesetzte Personengruppen, Umstände und Bedingungen treffen.

Ob das ambitionierte Projekt „Schulautonomie“ und die mit ihm intendierten grundlegenden Veränderungen unserer Schulkultur letztendlich gelingen werden, ist noch nicht abzusehen. Seine Konkretisierung ist jedenfalls in Hessen, wie gezeigt wurde, konzeptionell, politisch, administrativ und rechtlich abgesichert. Vielleicht waren dies die einfacheren Maßnahmen. Entscheidend für den Erfolg wird nunmehr sein, phantasievoll die entsprechenden Lern- und Entwicklungsprozesse an der „Basis“ zu initiieren bzw. zu verstärken. Von den Schulen war in diesem Beitrag nur am Rande die Rede. Viele von ihnen beginnen jedenfalls mit viel Engagement, den hier geschilderten Rahmen mit farbigem pädagogischen Leben zu füllen. Aber es wird noch vieler Impulse, vieler Anstrengungen bedürfen, um tradierte Haltungen und Einstellungen der überwiegenden Zahl von Lehrerinnen und Lehrern, aber auch von Eltern, so nachhaltig zu ändern, dass der Tanker Schule tatsächlich rasch Fahrt mit neuem Ziel gewinnt.

Diese Tendenz zu verstärken, aufzufordern, dass sie von allen an ihr Beteiligten aktiv mitgetragen wird, dass sie sich mit dem, was an „ihrer" Schule geschieht, identifizieren können, die Probleme in der Schule auch als ihre begreifen, dazu haben das neue Hessische Schulgesetz mit seinem Autonomieanspruch und die pädagogische Debatte, die es mit entfacht hat, einen wesentlichen Beitrag geleistet.

## Literatur

ALTRICHTER, HERBERT u.a. (Hrsg): Handbuch zur Schulentwicklung. Innsbruck, Wien 1998.

AVENARIUS, HERMANN u.a. (Hrsg.): Schule in erweiterter Verantwortung. Positionsbestimmungen aus erziehungswissenschaftlicher, bildungspolitischer und verfassungsrechtlicher Sicht, Neuwied 1998.

AVENARIUS, HERMANN / DÖBERT, HANS (Hrsg.): Schule in erweiterter Verantwortung. Ein Berliner Modellversuch (1995 bis 1998). Frankfurt am Main (DIPF) 1998.

AVENARIUS, HERMANN / HECKEL, HANS: Schulrechtskunde. Ein Handbuch für Praxis, Rechtssprechung und Wissenschaft. Neuwied, Kriftel 2000.

BACHMANN, HELMUT u.a.: Auf dem Weg zu einer besseren Schule – Evaluation der Schulautonomie in Österreich. Innsbruck, Wien 1996.

BECKER, GEROLD: Schule angesichts einer veränderten Kindheit. In: Schindehütte, M.: Schule in Hessen. Eigenverantwortung und Selbstverwaltung – Gestaltungsperspektiven für die kommenden Jahre. Hofgeismarer Protokolle (Tagungsbeiträge aus der Evangelischen Akademie Hofgeismar) 1992.

BECKER, HELLMUT: Kulturpolitik und Schule. Probleme der verwalteten Schule. Stuttgart 1956.

BILDUNGSKOMMISSION NRW: Zukunft der Bildung – Schule der Zukunft. Neuwied, Kriftel, Berlin 1995.

BRAUN, KARL-HEINZ / KRÜGER, HEINZ-HERMANN (Hrsg.): Pädagogische Zukunftsentwürfe. Festschrift zum 70. Geburtstag von Wolfgang Klafki. Opladen 1997.

BÖTTCHER, WOLFGANG u.a. (Hrsg.): Wege zu einer neuen Bildungsökonomie – Pädagogik und Ökonomie auf der Suche nach Ressourcen und Finanzierungskonzepten. Weinheim und München 1997.

BURKHARD, CHRISTOPH / PFEIFFER, HERMANN: Autonomie und Außenanforderungen – Schule als sich-selbst-organisierendes soziales System. In: Zeitschrift für Sozialisationsforschung und Erziehungssoziologie, Heft 4/1992.

DASCHNER, PETER u. a. (Hrsg.): Schulautonomie – Chancen und Grenzen. Weinheim und München 1995.

DEUTSCHER BILDUNGSRAT: Zur Reform von Organisation und Verwaltung im Bildungswesen. Teil I, Verstärkte Selbstständigkeit der Schule und Partizipation der Lehrer, Schüler und Eltern. Stuttgart 1973.

DÖBERT, HANS / GEIßLER, GERT (Hrsg.): Schulautonomie in Europa. Baden-Baden 1999.

FRIEDEBURG, LUDWIG VON: Recht auf Gleichheit – Recht auf Differenz. – In: „Neue Sammlung", Heft 4/1994.

FROMMELT, BERND u. a. (Hrsg.): Schule am Ausgang des 20. Jahrhunderts. Gesellschaftliche Ungleichheit, Modernisierung und Steuerungsprobleme im Prozess der Schulentwicklung. Weinheim und München 2000.

HENTIG, HARTMUT VON: Die Schule neu denken. München, Wien 1993.

HOLZAPFEL, HARTMUT: Freiheit und Verantwortung. Zur Balance zwischen offenen Gestaltungsräumen und notwendigen Normierungen. In: SCHINDEHÜTTE 1992.

HOLZAPFEL, HARTMUT: Autonomie verändert Schule schneller als erwartet. In: „Pädagogik" Heft 9/1994.

HOLZAPFEL, HARTMUT: Schule 2000. Bildungspolitische Thesen für die Schule von morgen. Frankfurt am Main 1996.

HORNSTEIN, WALTER: Aufwachsen mit Widersprüchen – Jugendsituation und Schule heute. Stuttgart 1990.

KÖLLER, FRANZ: Pädagogische und politische Überlegungen zu einem Hessischen Schulgesetz. In: Schindehütte, M: Schule in Hessen. Eigenverantwortung und Selbstverwaltung – Gestaltungsperspektiven für die kommenden Jahre. Hofgeismarer Protokolle (Tagungsbeiträge aus der Evangelischen Akademie Hofgeismar) 1992.

LANGE, HERMANN: Qualitätssicherung in Schulen. In: Die Deutsche Schule, Heft 2/1999.

LANGE, HERMANN: Schulautonomie und Neues Steuerungsmodell. In: Recht der Jugend und des Bildungswesens, Heft 4/1999.

LANGE, HERMANN: Schulautonomie – Entscheidungsprobleme aus politisch-administrativer Sicht. In: Zeitschrift für Pädagogik, Heft 1/1995.

LIKET, THEO M.E.: Freiheit und Verantwortung. Das niederländische Modell des Bildungswesens. Gütersloh 1993.

LOHMANN, ARMIN: Identität und Schulprogramm. Die Steinwaldschule. Der Weg zum selbständigen und sozialen Lernen. Lichtenau und München 1997.

MARTINI, RENATE: „Schulautonomie" – Auswahlbibliographie 1989-1996. Frankfurt am Main (DIPF) 1997.

MELZER, WOLFGANG / SANDFUCHS, UWE (Hrsg.): Schulreform in der Mitte der 90er Jahre. Opladen 1996.

PASCHEN, HARM / WIGGER, LOTHAR (Hrsg): Schulautonomie als Entscheidungsproblem. Weinheim 1996.

RADTKE, F.-O.: Schulautonomie und Sozialstaat. Wofür ist die Bildungspolitik (noch) verantwortlich? In: Die Deutsche Schule, 1997.

RICHTER, INGO: Die Steuerung des Schulwesens durch Autonomie. Juristische und pädagogische Fragen im Zusammenhang einer betriebswirtschaftlichen Orientierung der Bildungspolitik. In: Neue Sammlung, Heft1/1999.

RICHTER, INGO: Theorien der Schulautonomie. In: Recht der Jugend und des Bildungswesens, Heft 1/1994.

RISSE, ERIKA (Hrsg.): Schulprogramm – Entwicklung und Evaluation. Neuwied 1998.

RISSE, ERIKA u. a. (Hrsg.): Von der Bildungsplanung zur Schulentwicklung. Neuwied, Kriftel 1999.

ROLFF, HANS-GÜNTER (Hrsg): Zukunftsfelder von Schulforschung. Weinheim 1995.

ROLFF, HANS-GÜNTER: Gestaltungsautonomie verwirklichen. Lehrerinnen und Lehrer als Träger der Entwicklung. In: Pädagogik, Heft 4/1994.

ROLFF, HANS-GÜNTER: Wandel durch Selbstorganisation. Theoretische Grundlagen und praktische Hinweise für eine bessere Schule. Weinheim, München 1993.

ROLFF, HANS-GÜNTER: Schulentwicklung als Entwicklung von Einzelschulen? In: Zeitschrift für Pädagogik, Heft 6/1991.

SCHINDEHÜTTE, MARTIN: Schule in Hessen. Eigenverantwortung und Selbstverwaltung – Gestaltungsperspektiven für die kommenden Jahre. Hofgeismarer Protokolle (Tagungsbeiträge aus der Evangelischen Akademie Hofgeismar) 1992.

SCHRATZ, MICHAEL: Die Rolle der Schulaufsicht in der autonomen Schulentwicklung. Innsbruck, Wien 1996.

SCHULRECHT. Ergänzbare Sammlung für Schule und Schulverwaltung in Landesausgaben. Ausgabe für das Land Hessen. Neuwied, Kriftel, Berlin („Luchterhand-Loseblattsammlung").

STEFFENS, ULRICH / BARGEL, TINO: Erkundungen zur Qualität von Schule. Neuwied, Kriftel, Berlin 1993.

STEFFENS, ULRICH / BARGEL, TINO (Hrsg.): Schulentwicklung im Umbruch. Beiträge aus dem Arbeitskreis „Qualität von Schule" Heft 6, Hessisches Landesinstitut für Pädagogik (HELP), Wiesbaden 1992.

STEFFENS, ULRICH / BARGEL, TINO (Hrsg.): Schule zwischen Autonomie und Aufsicht. Beiträge aus dem Arbeitskreis „Qualität von Schule" Heft 8, Hessisches Landesinstitut für Pädagogik (HELP), Wiesbaden 1998.

TERHART, EWALD: Zwischen Aufsicht und Autonomie – Geplanter und ungeplanter Wandel im Bildungsbereich. In: Neue Sammlung, Heft1/ 2000.

TILLMANN, KLAUS-JÜRGEN: Autonomie der Schule – Illusion oder realistische Perspektive. In: Schulentwicklung und Lehrerarbeit. Hamburg 1995.

ZEDLER, PETER u. a. (Hrsg.): Pädagogik und Recht. Rechtliche Rahmenbedingungen und Handlungsspielräume für eine erweiterte Selbstständigkeit von Einzelschulen. Erfurter Studien zur Entwicklung des Bildungswesens, Bd. 5, Erfurt, Pädagogische Hochschule 1997.

HANS DÖBERT

# „Schulautonomie" – eine Rahmenbedingung für die Flexibilisierung von Bildungsgängen?

Unterricht und Erziehung können nach ganz unterschiedlichen Merkmalen differenziert werden. Die wohl wichtigsten sind: das Einzugsgebiet, das Alter, das Geschlecht, die Konfession, die ethnische Herkunft, die Sprache, der sozioökonomische Status, besondere Bedürfnisse oder Handicaps, Begabungen und Leistungen. In der Geschichte des deutschen Schulwesens zeigte sich, dass einige dieser Merkmale offensichtlich Anlass gaben, organisatorisch getrennte Institutionen einzurichten, während anderen eher mit pädagogischen Mittel entsprochen wurde.

So wurden im deutschen Schulwesen, entsprechend seiner föderalistischen Tradition der Länderzuständigkeit, in den einzelnen Bundesländern in den 1950er- und 1960er-Jahren recht verschiedene Differenzierungen auf der Grundlage dieser Merkmale vorgenommen. Die Notwendigkeit der Abstimmung und Koordination zwischen den Ländern führte zwar schon Mitte der 1950er-Jahre (Düsseldorfer Abkommen), mit dem heute noch bestehenden hohen Grad an Verbindlichkeit jedoch erst 1964 (Hamburger Abkommen) zur Vereinheitlichung von Teilbereichen des Schulwesens. Das Hamburger Abkommen enthält beispielsweise von allen Bundesländern akzeptierte Bestimmungen über Organisationsformen und einheitliche Bezeichnungen von Schulen, über die Vergleichbarkeit von Bildungsgängen, über die wechselseitige Anerkennung von Schul-, Berufsausbildungs- und Hochschulabschlüssen, über die einheitliche Bezeichnung der Notenstufen, über die Anerkennung von Prüfungen, über die Möglichkeiten der Abweichung von bestehenden Schulstrukturen in Schulversuchen, aber auch über den Schuljahresbeginn, die Staffelung und Dauer der Ferien usw.

Vielen dieser Bestimmungen gingen lange Auseinandersetzungen voraus oder sie zogen solche nach sich. Zu den bildungspolitisch wie wissenschaftlich am meisten diskutierten Bereichen des deutschen Schulwesens gehörte etwa die Frage nach dem Verhältnis von gemeinsamer Förderung und Integration von Schülern sowie einer sachgerechten Differenzierung nach Befähigung und Leistung. Bis Anfang der 1980er-Jahre spitzte sich dieses Problem auf die Frage zu, ob die äußere Differenzierung nach Schulformen oder die innere Differenzierung im Rahmen einer Gesamtschule die pädagogisch und schulorganisatorisch überzeugendere Lösung ist und ob das gegliederte Schulsystem (Hauptschule, Realschule, Gymnasium) beibehalten oder durch ein Gesamtschulsystem ergänzt oder abgelöst werden sollte. Mehr als zwei Jahrzehnte lang hat allein der Streit um diese strukturelle Alternative die Diskussion über die Gestaltung der Sekundarstufe I in Deutschland bestimmt.

In den letzten Jahren hat sich das Augenmerk immer mehr auf die inhaltlichen Fragen der Schulentwicklung gerichtet. Vor allem die folgenden Entwicklungen haben das Interesse von den schulstrukturellen Fragen der Schulentwicklung stärker auf inhaltlich-thematische Aspekte gelenkt:

- Das seit einigen Jahren zu beobachtende Auseinanderdriften von Lebenslagen und soziokulturellen Milieus, die Pluralisierung dieser Milieus, die „Medialisierung“ sowie die Individualisierung bringen einen neuen Impuls für die Schule mit sich. Dieser schlägt sich zur Zeit weniger in schulstrukturellen Veränderungen als vielmehr in pädagogisch-programmatischen Modellen und Schulversuchen nieder.
- Der in den letzten Jahren festzustellende Anstieg von Schülerzahlen, dem in den neuen Bundesländern und besonders

im ländlichen Raum jedoch ein teilweise erheblicher Rückgang entgegensteht, stellte und stellt die Schulversorgung vor das Problem, ein differenziertes und zugleich wohnortnahes Schulangebot vorzuhalten. Integrative Schulformen können unter diesen Bedingungen eine alternative Lösung bieten.

- In den Blickpunkt der öffentlichen Aufmerksamkeit sind in den letzten Jahren vor allem inhaltlich-thematische Schwerpunkte wie z. B. „Autonomie“, „Qualität“, „Gewalt“, „neue Medien“, „lebenslanges Lernen“ gerückt. Sie prägen die Entwicklungen in der Sekundarstufe I, ohne aber im Einzelnen schulstrukturell verortet zu sein.

Infolge dieser Impulse ist in fast allen Bundesländern die Erprobung oder Einrichtung einer zunehmenden Vielfalt unterschiedlicher Integrationsformen und Schulverbundsysteme sowie von Gesamtschulprofilen zu beobachten. Überwiegend seit Anfang der 1990er-Jahre sind so allein neben den „klassischen“ Schulformen Hauptschule, Realschule, Gymnasium, Gesamtschule und Sonderschule und ihren je spezifischen Bildungsgängen die Mittelschule (Sachsen), die Regelschule (Thüringen), die Sekundarschule mit Förderstufe (Sachsen-Anhalt), die Integrierte Haupt- und Realschule (Hamburg), die Verbundene Haupt- und Realschule (Hessen, Mecklenburg-Vorpommern), die Regionale Schule (Rheinland-Pfalz) sowie die Erweiterte Realschule (Saarland) entstanden. Sie alle schließen zugleich eine größere Flexibilität innerhalb und zwischen den verschiedenen Bildungsgängen ein. Angesichts dieser Tendenzen ist es sicher nicht unberechtigt, davon auszugehen, dass Bildung künftig kaum mehr mit der besuchten Schulform oder Schulart identifizierbar sein wird, sondern vor allem durch den absolvierten Bildungsgang und den erworbenen Abschluss.

Dieser weiteren Ausdifferenzierung des Systems Schule versucht die Ständige Konferenz der Kultusminister der Länder (KMK) in Ergänzung ihrer Vereinbarung über die Schularten und Bildungsgänge (Beschluss vom 3.12.1993) mit einer Vereinbarung über das Anspruchsniveau in den Fächern Deutsch, Mathematik und der ersten Fremdsprache (Beschluss vom 11./12.5.1995) zu entsprechen. Wenn schon die Vielfalt der Schulformen zunimmt, dann muss – so die Überlegung der KMK – wenigstens ein einheitliches Niveau und die Vergleichbarkeit eines differenzierten Systems von Abschlüssen mit unterschiedlichen Fächerstrukturen möglich sein.

Dieser Prozess der weiteren Ausdifferenzierung des Schulwesens trifft in den letzten Jahren mit einer anderen Entwicklungsperspektive zusammen, nämlich der der innerschulischen Differenzierung. Auch Beobachtungen der internationalen Schulentwicklung zeigen, dass der Weg künftiger Schulentwicklung zunehmend von strukturellen Veränderungen innerhalb eines Schulsystems zu innerschulischen Differenzierungen führt. Die Einzelschule hat gegenwärtig, in den einzelnen Bundesländern mehr oder weniger schulgesetzlich geregelt, einen zunehmenden Ermessens- und Entscheidungsspielraum auch hinsichtlich ihrer schulorganisatorischen und inhaltlichen Profilbildung. Diese erweiterte Verantwortung der Einzelschule hinsichtlich Schulorganisation und Bildungsinhalt scheint die *Flexibilisierung* von Bildungsgängen in besonderer Weise zu befördern.

Damit stellt sich die Frage, in welchem Maße „Schulautonomie“ oder die synonym verwendete Formel „der erweiterten Verantwortung der Einzelschule“ als Rahmenbedingung für die Flexibilisierung von Bildungsgängen wirken kann und welche offenen Fragen damit verbunden sind?

Zunächst sei kurz auf die Genese von „Schulautonomie“ als Merkmal gegenwärtiger Schulentwicklung eingegangen:[1]

---

[1] Die folgenden Ausführungen stützen sich maßgeblich auf Ergebnisse einer Tagung zum Thema „Schule in erweiterter Verantwortung“ – vgl. AVENARIUS / BAUMERT / DÖBERT / FÜSSEL (Hrsg.): Schule in erweiterter Verantwortung. Neuwied 1998

## „Schulautonomie" als historisches und pädagogisches Problem

Das Modell einer „Schule in erweiterter Verantwortung" spielt in bildungspolitischen Diskussionen und Entwicklungen der 1990er-Jahre eine zunehmend gewichtigere Rolle. Dabei steht diese Entwicklung im Kontext einer langen Tradition, ist doch die Geschichte der Pädagogik des 19. und 20. Jahrhunderts zu einem nicht unwesentlichen Teil die Geschichte des Strebens nach „Autonomie" der und in Bildungseinrichtungen.

Die Entwicklung und Modernisierung des deutschen Schulwesens – begleitet von vielfältigen Kompromissen, Konzessionen, Zwischenschritten, Übergangs- und Sonderregelungen – hat sich in einem längeren, vor allem pragmatischen Prozess der Universalisierung von Bildung sowie der Systematisierung und Vereinheitlichung des Schulsystems vollzogen. Mit dem Allgemeinen Landrecht für die preußischen Staaten (von 1794) wurden nicht nur Schulen und Universitäten als „Veranstaltungen des Staates" bestimmt, sondern zugleich die Tradition der Bindung des deutschen Schulwesens an den Staat und der weitgehend selbstverständlichen Akzeptanz dieser Bindung begründet. Bevorzugter Bereich staatlicher Bindung und Förderung war zunächst das höhere Schulwesen. Für dessen Lehrerschaft begann nach der Trennung der Laufbahn des Theologen von der des Philologen sowohl ein Prozess zunehmender Professionalisierung als auch ein schrittweiser Tausch von Autonomiemöglichkeiten gegen die mit staatlicher Normierung einhergehende sozial gesicherter Stellung im Staatsdienst (vgl. GEIßLER, GERT, 1997, S. 75).

Analoge Entwicklungen blieben für das Volksschulwesen zunächst aus. Für die Volksschulen des 19. und 20. Jahrhunderts in Deutschland und ihre Lehrerschaft, die teils noch bis zum Ende des Ersten Weltkrieges unter dem direkten Einfluss geistlicher Schulaufsicht stand, wurden der Gedanke der

Eigenständigkeit der Pädagogik und damit verbundener „Autonomie“-forderungen zu einer leitenden Idee der Emanzipationsbestrebungen (vgl. HÖRNER, 1991, S. 377). Die Selbständigkeit institutioneller Bildung und die Sicherung des Eigenrechts der Kinder auf Bildung und Erziehung gegenüber Parteien, Kirchen und Wirtschaft war eine der Kernfragen der Reformbestrebungen in der Volksschullehrerschaft. Diese Bestrebungen artikulierten sich auch in der Forderung nach „pädagogischer Autonomie“, konkretisiert als Autonomie des erzieherischen Verhältnisses als einer spezifischen Lebensbeziehung, als Autonomie der wissenschaftlichen Theorie von der Erziehung und als Autonomie der institutionellen Organisationsformen der Erziehung, wie GEORG GEIẞLER 1929 in seiner Monographie „Autonomie der Pädagogik“ beschrieb. Einen vorläufigen Höhepunkt infolge des am Ende des Kaiserreichs entstandenen Reformstaus erreichten die Emanzipations- und Autonomiediskussionen etwa 1920 in den bildungspolitischen und -rechtlichen Auseinandersetzungen um Gemeinschaftsschule oder Bekenntnisschule, fokussiert auf den Entwurf des Reichsschulgesetzes und die Reichsschulkonferenz.

Die der überwiegend politisch intendierten Diskussion über „pädagogische Autonomie“ nachfolgende theoretische Debatte thematisierte das Problem ihrer Grenzen frühzeitig. Selbst Befürworter des Autonomiegedankens verwendeten Formulierungen wie „relative Selbständigkeit der Schule“ (vgl. DIESTERWEG; nach GEIẞLER, GEORG, 1929, S. 63), „relative Autonomie“ (vgl. GEIẞLER, GEORG, 1929, S. 83) und „sekundäre Autonomie“ (vgl. SPRANGER, 1963, S. 45f.).

Schulentwicklung vollzog und vollzieht sich in Deutschland in einem spezifischen Spannungsverhältnis zwischen dem genuin pädagogischen Auftrag, den die einzelne Schule unter ihren Bedingungen zu realisieren hatte und noch hat, und der staatlich definierten Funktion der Schule in der Gesellschaft. Diese

Abhängigkeit vom Staat und die staatliche Verwaltung der Schulangelegenheiten haben maßgeblich zur erfolgreichen Entwicklung der Schule als eine öffentliche Institution geführt, für die selbst wiederholte Kritiken nur „äußerlich“ blieben. Die staatliche und zugleich staatlich verwaltete Schule ermöglichte durch Kontinuität eine erstaunliche Erfolgsgeschichte, gerade auch unter dem Gesichtspunkt der Chancengleichheit. Das gesamte Schulsystem wurde ausgebaut, differenziert, spezialisiert, auch verändert, aber niemals – etwa wegen Ineffektivität – drastisch beschränkt (vgl. OELKERS, 1995, S. 15). Stets fanden sich Möglichkeiten des Ausbaus („Expansions- und Ausdifferenzierungsperspektiven“).

Nach den ersten Schritten des Neuaufbaus im westdeutschen Schulwesen[2] der Nachkriegszeit wurde erneut das Problem der „übermäßigen Verwaltung“ des Schulwesens thematisiert (vgl. BECKER, 1954). BECKER sah in der „verwalteten Schule“ die Möglichkeit zur freien Entscheidung des Einzelnen beschnitten und damit letztlich die Basis von Demokratie gefährdet. Der Staat solle daher im Interesse der Einlösung von Grundrechten seiner Bürger, also hier der von Schülern, Eltern, Lehrern, den Schulen schrittweise Selbstverwaltung einräumen, wobei allen Schulen eine größere Freiheit als bisher, bestimmten (Modell-) Schulen aber eine besondere Freiheit zukommen müsse (a. a. O., S. 145). Sein Anliegen, in Schulen müssen die Freiheits-, Gleichheits- und Partizipationsrechte des Einzelnen verwirklicht werden, durchzieht die deutsche Schuldiskussion, gleich ob sie überwiegend pädagogisch, schulrechtlich, bildungspolitisch oder erziehungswis-

[2] Im ostdeutschen Schulwesen war die Ausgangssituation eine völlig andere. Hinsichtlich der staatlichen Verwaltung des Schulwesens stellt die DDR eine abgebrochene Sonderentwicklung dar. Während es zunächst darum ging, administrativ-zentralistische Schulverwaltungsstrukturen zu schaffen, und das Schulwesen insgesamt, besonders aber Inhalt und Gestaltung des Unterrichts staatlich (partei-ideologisch) straff zu reglementieren, wurde in der Spätphase unter dem Druck des zunehmenden Reformstaus Ausführungsverantwortung sogar „nach unten“ delegiert.

senschaftlich geführt wird, bis in die Gegenwart. Erinnert sei nur an die Empfehlungen des Deutschen Bildungsrates und des Deutschen Juristentages. Im Kapitel V des Strukturplans des Deutschen Bildungsrates empfahl dieser 1969/1970 mit pädagogischer Begründung, dass die Schule curricular, personell und finanziell selbständig werden solle. Die Empfehlungen des Deutschen Bildungsrates von 1973 zur Reform von Organisation und Verwaltung im Bildungswesen enthielten im Teil I die verstärkte Selbständigkeit der Schule und die Partizipation der Lehrer, Schüler und Eltern, wobei unter „Partizipation" die institutionalisierte Beteiligung von Lehrern, Schülern und Eltern an schulischen Entscheidungen und unter „verstärkter Selbständigkeit" die Verlagerung von Entscheidungskompetenzen im Rahmen der staatlichen und kommunalen Verwaltung an die einzelne Schule verstanden wurde (vgl. DEUTSCHER BILDUNGSRAT, 1973, S. A22). Und auch die Schulrechtskommission des Deutschen Juristentages sprach sich mit einer pädagogisch akzentuierten juristischen Begründung für eine Stärkung der pädagogischen Freiheit des Lehrers aus, was nach Auffassung der Kommission eine stärkere Selbständigkeit der Einzelschule und eine Begrenzung der Schulaufsicht mit einschloss (vgl. DEUTSCHER JURISTENTAG, 1981).

Diese Vorschläge sind in der vorgelegten Form nicht verwirklicht worden. Die Länder haben vielmehr in ihrer Schulgesetzgebung seit den 1970er-Jahren ein Mitbestimmungsmodell im Schulwesen verwirklicht, das im Wesentlichen auf eine Mitbestimmung der Lehrer, Eltern und Schüler ohne gleichzeitige Ausdehnung schulischer Autonomie zielte (vgl. RICHTER, 1995).

## „Schulautonomie" als Rahmenbedingung gegenwärtiger Schulentwicklung

Die auch in den 1990er-Jahren anhaltende Debatte über die Zukunft der Schule in Deutschland hat sich etwa seit Anfang der 1990er-Jahre zunehmend um den Begriff „Schulautonomie" konzentriert. Obwohl das Thema, wie dargestellt keineswegs neu ist, bestimmte es in den letzten Jahren die Schuldebatte maßgeblich. Quantitativ zeigt sich das allein schon an der wachsenden Zahl der Publikationen: Nach Angaben des Fachinformationssystems Bildung hat sich die Zahl der Aufsätze zum Thema „Schulautonomie" in ausgewählten Zeitschriften im Jahr 1995 (über 80 Aufsätze) gegenüber 1980 bis 1990 (durchschnittlich 8 Aufsätze / Jahr) verzehnfacht. Eine kommentierte Bibliographie „Schulautonomie" weist von 1990 bis 1996 allein 288 deutschsprachige Publikationen zum Thema aus (vgl. MARTINI, 1997).

Seit Ende der 1990er-Jahre zeigen sich international zwei neue Tendenzen, die nicht ohne Auswirkungen auf Deutschland geblieben sind bzw. bleiben werden: Einerseits wird die „Schulautonomie"-Debatte kaum mehr explizit geführt, sondern „Schulautonomie" wird als wichtige Kontextbedingung in den Diskussionen um Qualitätsentwicklung und um neue Finanzierungskonzepte im Bildungsbereich angesehen. Andererseits haben fast alle europäischen Länder, besonders jedoch die Schweiz und Österreich, dem dänischen, niederländischen und angelsächsischen Modell folgend, den einzelnen Bildungseinrichtungen mehr Freiheit und Verantwortung übertragen. Forciert durch die allenthalben anzutreffenden Sparzwänge der öffentlichen Haushalte wird das Verhältnis von Pädagogik und Betriebswirtschaft in neuer Weise diskutiert. In fast allen europäischen Staaten verlangen im Zeichen einer austerity policy die dem „Steuerzahler" Verantwortlichen Nachweise dafür, was in der Sache wirklich erreicht werden soll, wofür die veranschlagten Mittel zu bewilligen sind und wie der Wirkungsgrad vorhandener Mittel gesteigert werden kann. Damit verbunden ist im internationalen Spektrum ein Paradigmenwechsel in der Organisations- und Steuerungsphilosophie zu beobachten. Im Kern geht es um den Übergang von input-orientierter zu output-orientierter Steuerung. Dieses Modell orientiert sich vorwiegend an niederländischen, angelsächsischen und dänischen Planungsmustern; es hat inzwischen Eingang in die Bildungspolitik und -administration vieler europäischer Staaten gefunden. In der Schweiz ist man beispielsweise im Kontext der Diskussion um Merkmale guter Bildungseinrichtungen dazu übergegangen, Elemente des New Public Management mit solchen des Bildungssystems zu verbinden. Charakteristisches Merkmal dieser neuen Steuerung ist die unübersehbare Tendenz zur *Dezentralisierung* und *Kommunalisierung* der Trägerschaft von Bildungseinrichtungen (vgl. MITTER, 1997). Weitestgehender und beispielhafter Ausdruck dieser Tendenz ist die Entwicklung in Dänemark, wo bereits Anfang der 1990er-Jahre den Kommunen die fast vollständige Kompetenz für das Schulwesen übertragen wurde. Aufschlussreich ist in diesem Zusammenhang indes aber auch die aktuell in England zu beobachtende Erscheinung, dem Staat wieder größere Zugriffsmöglichkeiten auf die Steuerung des Bildungswesens und der Einzelschule einzuräumen.

Es scheint, dass die durch das Spannungsverhältnis aus der „Schulautonomiedebatte" und der „Qualitätsdebatte", dem zweiten großen mit dem „Schock" der TIMS-Studie aufgekommenen Thema der Leistungsfähigkeit des deutschen Schulwesens, geprägte Schuldiskussion der allerletzten Zeit zu neuen Impulsen für die Schulentwicklung führt. Viele der in Publikationen der 1990er-Jahre entwickelten Begründungszusammenhänge, Perspektiven und Grenzen von „Schulautonomie" sind von ihrer Idee her kaum neu zu nennen, erfahren wohl aber unter den Bedingungen der 1990er-Jahre eine spezifische Ausprägung. Das beginnt bereits mit dem Verständnis von „Schulautonomie":

Bei großer Unterschiedlichkeit der vielen qualifizierenden Definitionen von „Schulautonomie" – so wird von relativer Autonomie, beschränkter Selbstverwaltung (vgl. FRISTER, 1994), Gestaltungsautonomie der Einzelschule (vgl. ROLFF, 1993), verstärkter Selbständigkeit (vgl. ARBEITSGRUPPE SCHULAUTONOMIE, 1993), Vergrößerung der Entscheidungs- und Handlungsmöglichkeiten der Einzelschule (vgl. FREIE HANSESTADT BREMEN, 1993), schulischer Selbstverwaltung (vgl. AVENARIUS, 1994), Teilautonomie (vgl. BILDUNGSKOMMISSION NRW, 1995) und erweiterter Verantwortung (BERLINER MODELLVERSUCH, 1995) gesprochen – geht es allen im Kern um eine begrenzte „Entmachtung staatlicher Entscheidungseinheiten zugunsten der einzelorganisatorischen Ebene" (vgl. TIMMERMANN, 1995). Insoweit besteht eine enge Verbindung mit analogen Forderungen von Schulreformen zumindest in den letzten 100 Jahren. Auch die in den letzten Jahren immer lauter werdenden Forderungen nach einem veränderten Steuerungssystem, basierend auf zunehmend konstatierten Defiziten zentraler staatlicher Steuerung, sind etwa schon in den Empfehlungen des Bildungsrates (1973) und der Schulrechtskommission (1981) zu finden. Eng damit verbunden war und ist die Diskussion um Kompetenz und Qualifikation von Lehrern, Schulleitern und Schulaufsichtsbeamten, konzentriert auf die Zuweisung des Kriteriums Professionalität hinsichtlich der Arbeit der genannten Personengruppen und die der Schule. Alle diese Forderungen erhielten in den 1990er-Jahren jedoch durch moderne organisations- und managementtheoretische Argumente sowie durch praktische Ansätze der Reform öffentlicher Verwaltungen zusätzliche Impulse und Akzentuierungen. Hinzu kommt, dass die bisherigen Ansätze, Begründungszusammenhänge und Forderungen von „Schulautonomie" in den letzten Jahren auf einen deutlich veränderten Kontext treffen und von daher je spezifische Besonderheiten (Ausprägungen, Differenzierungen und Modifizierungen) erfahren:

Eine erste veränderte Kontextbedingung: Zwischen der Schulkritik und der Forderung nach verstärkter Selbständigkeit der Einzelschule besteht eine deutliche Affinität. Aus historischer Perspektive waren die Forderungen nach „pädagogischer Autonomie" und „Autonomie von Schule" stets eine Form der Reaktion auf äußere oder innere Unzufriedenheit und Kritik an der Schule. Die bisher übliche bildungspolitische Reaktion auf zunehmende und verbreitete Kritik bestand in dem Versuch, neue Handlungsperspektiven durch strukturellen und curricularen Ausbau zu gewinnen. Bildungspolitisch stellt diese Strategie der „Expansion" des Bildungswesen nur so lange eine brauchbare Handlungsoption dar, wie sich noch Handlungsfelder auftun, die extensiv zu erschließen sind und deren Erschließung finanzierbar ist. Es scheint, dass heute staatliche Bildungspolitik an die Grenzen ihrer Problemlösungskompetenz, zumindest was diese Handlungsoption angeht, gelangt ist. Extensive Entwicklungsräume scheinen auch angesichts der gravierenden Sparzwänge der öffentlichen Haushalte ausgereizt. Bildungspolitische Handlungsoptionen lassen sich scheinbar dort neu gewinnen, wo die bisherigen Bestrebungen zunehmend durch Deregulierungstendenzen ersetzt werden. Erstmals in der jüngeren deutschen Bildungsgeschichte scheinen größere Autonomiemöglichkeiten für Schulen bildungspolitisches Konzept zu werden. Hintergrund ist offensichtlich zusätzlich auch die erziehungswissenschaftlich begründete Einsicht, dass sich die Frage nach der Qualität von Schule in wesentlichem Maße in der Einzelschule entscheidet. Sofern die Hypothesen der Organisationssoziologie und Verwaltungswissenschaft zutreffen, wonach sich mit der Verlagerung von Entscheidungs- und Handlungskompetenzen auf die Ebene der einzelnen Struktureinheiten deren Motivation und Effektivität erhöht, dann gilt dies selbstverständlich auch für die soziale Organisation Schule.

Als eine zweite solche Kontextbedingung kann das eher zufällige Zusammentreffen verschiedener Entwicklungsströme angesehen werden, für die bisher gegensätzliche Intentionen im Zusammenhang mit „Schulautonomie" feststellbar waren. So treffen bildungspolitische und administrative Initiativen zur Verlagerung von Entscheidungs- und Gestaltungsbefugnissen auf die Schule mit dem Lehrerwunsch nach mehr „Autonomie", hier allerdings im Sinne des Erhalts der pädagogischen Freiheit des einzelnen Lehrers und der Verringerung schulaufsichtlicher Kontrolle, zusammen. In Schulen aller Bundesländer wird dem Reformstau mit eigenen Entwicklungsschritten auf der Grundlage selbstgewählter Konzepte oder Programme begegnet, ohne im Einzelfall langwierige schulaufsichtliche Genehmigungen einzuholen. Diese Schulen, die ihre Entscheidung bezüglich verstärkter Selbständigkeit eigenverantwortlich getroffen haben, verdeutlichen damit, dass die schulpraktische Entwicklung zu mehr „Schulautonomie" eine gewisse Eigendynamik „von unten" bekommen hat. Vielfältige Berichte und Beispiele aus diesen Schulen bezeugen einen beachtlichen Innovationseifer von Schülern, Lehrern, Eltern und Schulleitungen bei der Nutzung vorhandener Gestaltungsfreiräume sowie beim Austesten und Überschreiten bisheriger „Grenzen". In dieser Entwicklung werden einerseits Realisierungschancen für die Forderung nach größerer schulischer „Autonomie" und andererseits aber die Gefahr von vermehrter „Marktgängigkeit" im Schulwesen gesehen. Offenbar überwiegt derzeit aber die Hoffnung, angesichts eher als unergiebig angesehener Bildungsreformen von „oben" und leerer Kassen über die Initiativen einzelner Schule noch am ehesten Entwicklungen zur Verbesserung von Qualität im Schulwesen erreichen zu können. Zugleich wirken sich Deregulierungskonzepte im Zusammenhang mit der Reform der öffentlichen Verwaltung und in anderen Politikfeldern unmittelbar auf bildungspolitische und schulpraktische Handlungsoptionen aus.

Eine weitere Kontextbedingung der Diskussionen über „Schulautonomie" in den 1990er-Jahren ist die auch im Bildungsbereich zunehmende Tendenz zur Globalisierung und Internationalisierung. In der internationalen Diskussion über die Zukunft von Schule, über Krisensymptome, über Veränderungs- und Reformnotwendigkeiten dominieren seit Jahren Lösungen, die mehr oder minder auf veränderte Steuerung, umschrieben mit den Begriffen „Dezentralisierung“, „Deregulierung“ sowie „Kunden- und Marktorientierung“, hinauslaufen. In der Tat sind in den 1990er-Jahren in allen vergleichbaren Industrieländern Veränderungen in ähnlicher Weise festzustellen, die das Spannungsverhältnis zwischen Schulpraxis einerseits und traditionellen Ordnungsvorstellungen sowie Steuerungsmechanismen im Schulwesen andererseits verschärfen und eher eine grundlegende Neuorientierung erforderlich machen, veranlassen oder verstärken (vgl. DÖBERT / GEIßLER, 1997). Hinzu kommt, dass im „Zeitalter“ internationaler Leistungsvergleiche im Bildungswesen sowie von Möglichkeiten breiten Zugriffs auf Informationen und Erfahrungen aus anderen Schulsystemen der Blick auf internationale Entwicklungen geradezu zur Normalität wird. Insgesamt wird damit der Druck auf die Aktivierung nicht-staatlicher Steuerungspotenziale auch in Deutschland erhöht. Damit ist zwangsläufig die „naturwüchsige“ Herausbildung eines nationalen wie internationalen „*Bildungsmarktes*“ verbunden. Das Bestreben wächst, neue (Steuerungs)Modelle – teilweise bedingungslos – auch auf die Schule zu übertragen. Diese in den Vordergrund drängende Funktionalisierung von Schulentwicklung unter Effizienzzielen birgt die Gefahr in sich, dass pädagogische Entwicklungsziele formalisiert und reduziert werden. Marktorientierung kann zwar durchaus positive Auswirkungen auf das Schulwesen haben. Das betrifft insbesondere den Umgang mit finanziellen und materiellen Ressourcen; bisherige Erfahrungen in verschiedenen Staaten zeigen, dass die in die Dezentralisierung des Ressourcenmanagements gesetzten Erwartungen in der Regel erfüllt werden (vgl. WEISHAUPT / WEIß, 1997, S. 40). Budgetorientierte Konzepte können nicht nur Eigeninitiativen in Schulen hinsichtlich

lich mehr Sparsamkeit und Wirtschaftlichkeit des Mitteleinsatzes stärken, sondern haben auch pädagogische Qualitäten. Das Eindringen marktorientierter Strategien in den Bildungsbereich kann aber auch dazu führen, dass Ungleichgewichtigkeiten schwerer zu identifizieren und zu korrigieren sind, weil die dafür ursächlichen Faktoren kaum noch von Staaten und ihren bisherigen Korrekturmöglichkeiten beeinflussbar sind.

Neu an heutigen Debatten und Entwicklungen scheint, dass sich erstmals in Deutschland auch für einen breiteren Bereich von Einrichtungen des primären und sekundären Bildungssektors Chancen für eine verstärkte „Autonomie" eröffnen. Während in einigen Bundesländern in Schul- und Modellversuchen noch nach verwert- und übertragbaren Erfahrungen gesucht wird, haben andere in Schulgesetzen und Schulgesetznovellen entsprechende Entwicklungen und Erwartungen bereits festgeschrieben – teilweise ohne wissenschaftlich gesicherte Kenntnis der Erfolgsgarantien.

Trotz der Eigendynamik dieses Prozesses, seiner beschränkten Steuerungsfähigkeit und seiner Ergebnisoffenheit werden mit ihm eine Reihe nahe liegender Erwartungen verknüpft: Die abnehmende (zentral-)staatliche Steuerungskompetenz soll zunehmend durch einen neuen Ansatz einer Output-Orientierung ersetzt werden. Eine effektivere und qualitativ verbesserte Aufgabenerfüllung durch die jeweilige Bildungseinrichtung soll unter Einbeziehung veränderter administrativer, rechtlicher und ökonomischer Verfahren besser gesichert werden. Auf die Unterschiedlichkeit von Lebensbedingungen von Kindern und die damit einhergehenden veränderten pädagogischen Anforderungen soll flexibler reagiert werden können und nicht zuletzt soll die Flexibilität des Schuleintritts und der Bildungsverläufe vergrößert werden.

## Offene Fragen

Die Tatsache, dass die der Forderung nach einer verstärkten Selbständigkeit von Einzelschulen zugrunde liegenden Intentionen und Erwartungen sehr unterschiedlich sind und der Hinweis, dass auch die veränderten Kontextbedingungen sehr disparat sind, deuten darauf hin, dass es gegenwärtig weder eine übereinstimmende Analyse dieser Entwicklungen noch eine Strategie des Umgangs mit ihnen gibt. Verschärft wird diese Situation durch die je unterschiedlichen Interessen der am Prozess beteiligten Akteure. Die Forderung nach verstärkter Selbständigkeit wird als Schritt zur Erreichung notwendig anerkannter Professionalitätssteigerungen erhoben, ohne dass aber zugleich bereits hinreichend die Auswirkungen auf die alltägliche Praxis der Bildungseinrichtungen erkennbar werden. Gleichzeitig wird die Forderung aber auch zur Verlagerung von Problemlösungskompetenzen verwendet und damit strukturell eine mögliche Überforderung der jeweiligen Bildungseinrichtung in Kauf genommen. Verbunden damit ergeben sich eine Reihe neuer Frage- und Problemstellungen. Im Folgenden sei auf einige Aspekte und Zusammenhänge, die bei der Suche nach Antworten zu berücksichtigen sind, aufmerksam gemacht:

Als ein erstes Problem ist die Frage nach dem Träger der Entscheidungsgewalt einer Schule in erweiterter Verantwortung zu nennen. Je weiter diese Entscheidungsgewalt einem oder mehreren Gremien zugewiesen ist, um so mehr können sich die Beteiligten hinter der Gremienzuständigkeit „verstecken“ und um so schwieriger ist es eine Legitimation entsprechender Entscheidungen zu sichern. Und zugleich ist zu fragen, ob unter den besonderen Bedingungen der Schule Entscheidungs- und Legitimationsverfahren und -prozesse nicht eine Vielzahl von Organen und Gremien entstehen lassen, die die Gefahr einer Arbeitsüberlastung und schließlich einer Verminderung der eigentlichen pädagogischen Aufgaben zur Folge haben können. Diese Einsicht mag einer der Gründe dafür sein, dass in den stärker autonom geprägten Schulsystemen des Auslands (z.B. Niederlande, Dänemark) dem Schulleiter eine herausgehobene Rolle zugewiesen ist.

Als eine offene Frage stellt sich auch die Entwicklung der Arbeitsteilung im Schulsystem dar. Ein Schulwesen insgesamt wie auch jede Einzelschule muss – in welcher Form auch immer – verwaltet werden. Im Zuge von Arbeitsteilung und Professionalisierung hat sich im Bildungsbereich die Schulverwaltung herausgebildet. Ihre Bedeutung für die Entwicklung eines modernen Schulwesens ist unstrittig. Zugleich ist die Entwicklung des staatlichen Schulwesens und seiner Verwaltung mit einem progressiven Wachstum von Bürokratie einhergegangen. Die mit einem Netz von Vorschriften und Regelungen überzogenen Schulen wurden in ihren pädagogischen Möglichkeiten, auf veränderte Bedingungen reagieren zu können, zunehmend eingeengt. Das Gegenmodell kann aber nicht die „erlassfreie Schule" sein, denn selbst unter den Bedingungen verstärkter Anforderungen an Effizienz und Effektivität öffentlicher Institutionen sowie enormer Sparzwänge öffentlicher Haushalte, bleiben Verwaltungsaufgaben bestehen. Werden diese im Zuge von Dezentralisierung ganz oder teilweise der einzelnen Schule überantwortet, werden zunehmend Schulleitungen und Lehrer, die Einzelschule insgesamt stärker belastet. Wie so oft stellen sich damit über die bekannten hinaus neue Probleme. Der auf der staatlich-administrativen Ebene begonnene Abbau von Schulbürokratie rekonstruiert diese auf der Ebene der Einzelschule. Entlastet wird vornehmlich die „Mittelinstanz". Größere „Autonomie" der Einzelschule kann von daher mit einem Verlust an individueller *pädagogischer Freiheit* („Autonomie") des Lehrers verbunden sein: Eine Schule, die sich ein eigenes Profil gibt und dieses ihrer Arbeit zugrunde legt, unterwirft den einzelnen Lehrer strengeren Bindungen. Dem herkömmlichen Prinzip der pädagogischen Freiheit liegt eine auf die Person und das berufliche Selbstverständnis des individuellen Lehrers bezogene

Kategorie zugrunde; für die Schule in erweiterter Verantwortung rückt demgegenüber die Freiheit der einzelnen Schule als Institution in den Vordergrund. Damit zeichnet sich eine Entwicklung ab, die zu Lasten der Selbstbestimmung des einzelnen Lehrers geht. Die Gefahr einer „Zermürbung“ der Lehrerschaft durch nichtpädagogische Aufgaben und insoweit einer teilweisen pädagogischen Entprofessionalisierung kann nicht ausgeschlossen werden. Der Nutzen von „Schulautonomie“ kann daher für Schulen wie Lehrer ambivalent sein. Die Verlagerung von Verwaltungsaufgaben auf die Einzelschule, die damit verbundene Polarisierung von Verwaltungsangelegenheiten dürfte auch zu einer neuen Machtverteilung innerhalb der Schule – und auch im Verhältnis zur Schulverwaltung wie die Erfahrungen aus Großbritannien zeigen – führen. In Anbetracht dieser Probleme scheint eine Klärung, welche Lösungsansätze es für die Auflösung des vermutlichen Spannungs- und Konflikverhältnisses von pädagogischer Freiheit des Lehrers und einer größeren Eigenverantwortung der Schule und ihrer Organe gibt, unvermeidlich. Unmittelbar damit verbunden bedarf es auch genauerer Einsichten, wie sich die erweiterte Verantwortung der Einzelschule auf das Rollenverständnis von Lehrern, Schulleitern, Schulaufsichts- und Schulverwaltungsbeamten auswirkt. Neue, veränderte Qualifikationsanforderungen werden die Folge sein. Diesen gerecht zu werden, ist einer der maßgeblichen Ansatzpunkte für das Gelingen des Modells von erweiterter Verantwortung der Einzelschule.

Weitere offene Fragen betreffen die Gewährleistung von *Standards*. Gegenwärtig wird in einigen neuen Schulgesetzen (z. B. Brandenburg, Bremen, Hamburg, Hessen) für jede Schule ein größerer Freiheitsspielraum eingeräumt, um sich ein eigenes Profil zu geben und dieses in einem Schulprogramm zu fixieren. Dieses Profil muss aber „greifbar“ und nachprüfbar sein. Denn schließlich muss die Einhaltung übergreifender Anforderungen und Standards gesichert werden.

Das jeweilige Profil einer Schule muss insbesondere pädagogischen Standards entsprechen und diese müssen gewahrt werden. Wie aber soll das effektiv und trotzdem aussagefähig geschehen? Die Standards gibt es derzeit nicht und ebenso wenig gesicherte Wege und Verfahren ihrer Evaluation. Das betrifft insbesondere die – nach welchen Verfahren und in welchen Strukturen auch immer – vorzunehmende externe und interne Evaluation.

Ein anderer Aspekt, der auch ein Dilemma berührt, bedarf ebenso der Klärung: Inwieweit verträgt sich „Schulautonomie" mit Sprengelpflicht? Geht es an, dass Schüler zum Besuch einer Schule mit einem spezifischen Profil verpflichtet werden, das sich nicht im Einklang mit ihren Entwicklungsperspektiven befindet, nur weil sie in deren Bezirk wohnen?

Die Entwicklung zu größerer „Autonomie" der Einzelschule wird zu erheblichen Veränderungen innerhalb der deutschen Schullandschaft führen. Neu zu bedenken und konstruktiv zu vermitteln ist daher auch das Spannungsverhältnis aus Sicherung von Chancengleichheit einerseits und Erzeugung von Toleranz für Varianz und Differenz im Schulwesen andererseits. In Deutschland muss sich in der Bildungspolitik wie auch in der Öffentlichkeit ein Verständnis dafür entwickeln, dass eine öffentliche Schule der gleichen Schulform nicht genauso wie die andere sein muss und Unterschiede nicht notwendigerweise Ungleichheiten implizieren, wenn der jeweilige Maßstab, eine „gute Schule" zu sein, zugrunde liegt. Das aber wirft die Frage nach verbindlichen und vergleichbaren Standards und nach ihrer Kontrolle auf: Wie ist staatliche Schulaufsicht – als Kategorie und als Kompetenz – in diesem Sinne zu interpretieren? Wie soll eine fachlich akzentuierte äußere Evaluation von Schulen strukturiert und praktiziert werden?

Offene Fragen sind auch mit möglichen strukturellen Veränderungen als Folge größerer Selbständigkeit der Einzelschule verbunden. Nutzen Schulen die ihnen gebotenen Möglichkeiten einer eigenständigen Gestaltung von Bildungsgängen konsequent, könnten die Profile der bisherigen Schularten bzw. Schulformen tatsächlich verwischt oder gar abgeschafft werden. Schul- und Schulformwechsel in einem Bundesland und zwischen den Bundesländern könnten durch unterschiedlich profilierte und gestaltete Bildungsgänge schwieriger werden sowie die Vergleichbarkeit von Abschlüssen insgesamt problematischer werden.

Ein letzter Problemkreis sei genannt: Die Frage nach den Erfolgsperspektiven und Folgen neuer Steuerungsmodelle. Neue Steuerungsmodelle, die auf Kunden-, Leistungs- und Kostenorientierung beruhen, sollen auf Schule und Schulverwaltung übertragen werden. Sie zielen nicht nur auf ein höheres Maß an Effizienz, sondern zugleich darauf, marktwirtschaftliche Elemente in das Schulwesen einzuführen. Fraglich ist allerdings, ob ein marktgesteuertes Schulwesen die bisherigen inhaltlichen und strukturellen Probleme lösen kann oder ob es nicht vielmehr zusätzliche und möglicherweise noch gravierendere Schwierigkeiten aufwirft. Was die bildungsökonomische Perspektive anbelangt, scheinen sich die in die Dezentralisierung des Ressourcenmanagements gesetzten Erwartungen allerdings im Sinne von Sparsamkeit und Wirtschaftlichkeit des Mitteleinsatzes zu erfüllen: Die Einführung budgetorientierter Konzepte stärkt offenbar Eigeninitiativen zur Ressourcennutzung und -sicherung. Das ist ein politischer und wirtschaftlich sehr erwünschter Effekt. Inwieweit dieser in einem vertretbaren Verhältnis zu dem damit verbundenen (nichtpädagogischen) Aufwand an den Schulen steht, muss angesichts fehlender – vor allem empirischer – Befunde zu Folgen von „Schulautonomie“ offen bleiben. Insgesamt liegen derzeit zu wenig fundierte Einsichten über die instrumentelle Bedeutung und die Effekte der Budgetierung für Schulentwicklung und Profilbildung vor. Gegenwärtig scheint diese Aufgabe von Budgetierung zugunsten der Erreichung übergeordneter Effizienz- und Sparziele zum Zwecke von Haushaltskonsolidierungen in den Hintergrund zu treten.

Das Kernproblem der aktuellen Schuldiskussion wie auch entsprechender schulrechtlicher und -praktischer Entwicklungen ist, dass Wirkungsannahmen unterstellt werden, für die es bisher keine wissenschaftlichen Belege gibt. Die Folgeprobleme von Schulen in erweiterter Verantwortung, auch bezüglich der Flexibilisierung von Bildungsgängen, sind derzeit nicht abschätzbar. In der Tat stellt sich angesichts gegenwärtiger Krisenerscheinungen in und um Schule die Frage, in welcher Hinsicht Schule besser werden kann. Ein erfolgversprechender Ansatz ist zweifellos eine größere Professionalität von Lehrern, Schulleitern und Schulaufsichtsbeamten. Offen ist jedoch, ob diese nur über eine verstärkte Selbständigkeit der Einzelschule zu erreichen ist oder ob das nicht auf anderen Wegen auch – möglicherweise sogar leichter – erreicht werden kann. Auch fragt sich, ober die häufig im Zusammenhang mit „Schulautonomie" postulierte Forderung nach Öffnung der Schule für das Umfeld nicht an der eigentlichen Funktion von Schule vorbeigeht und sie Schule nicht gar überfordert? Schließlich ist zu klären, in welchem Maße damit ihre gegenwärtigen und künftigen Probleme, vor allem unter dem Aspekt von Qualitätsentwicklung und -sicherung, gelöst werden.

## Mögliche Perspektiven

Relativ klar ist, dass bei konsequent „output"-orientiertem Denken die gegenwärtigen Probleme und Defizite von Schulen, auch Steuerungsdefizite, nicht weiter hinnehmbar sind. So fatal aber das veränderungsnegierende Beharren auf dem traditionellen Schul- und Schulverwaltungssystem in Deutschland wäre, so fatal wäre angesichts unabschätzbarer Folgen auch eine alle Schulen zu erweiterter Verantwortung verpflichtende Politik. Neben Schulen, die den Weg erweiterter Verantwortung gehen oder gehen wollen, wird es vermutlich auf absehbare Zeit auch solche geben, die in traditioneller Weise arbeiten und verwaltet werden wollen.

Insgesamt scheint die konkrete Form der Entwicklung zu erweiterter Verantwortung der Einzelschule offen. Sie bedarf daher der kontinuierlichen Beobachtung im nationalen wie internationalen Kontext sowie der politischen und wissenschaftlichen Begleitung und Beratung, um Fehlentwicklungen rechtzeitig erkennen und korrigieren zu können.

Wissenschaftliche Einsichten und bisherige schulpraktische Erfahrungen lassen sich jedoch schon dahingehend verallgemeinern, dass folgende Wirkungen von „Schulautonomie" auf die Entwicklung der Einzelschule feststellbar sind:

- Die größere Flexibilisierung der Einzelschule ermöglicht es ihr, die zunehmend im soziokulturellen Differenzierungs- und Pluralisierungsprozess entstehenden heterogenen Erwartungen und Anforderungen an Schule zu berücksichtigen und damit zugleich „öffentlicher" Unzufriedenheit mit der Schule entgegenzuwirken.
- Durch schulspezifische Änderungen der bisher allgemein verbindlichen fachunterrichtlichen, zeitstrukturellen und jahrgangsstufenbezogenen Arbeitsweise kann die Einzelschule pädagogisch und organisatorisch produktiver auf die je spezifischen Umfeldbedingungen, auf die wachsende Heterogenität der Schülerschaft, auf die lokalen und regionalen Unterschiede in den Bildungsinteressen und -ansprüchen reagieren. Die Bildungsgänge können flexibler gestaltet und damit nimmt ihre Bildungswirksamkeit zu.
- Das je spezifische Schul-/ Bildungsangebot und das angestrebte pädagogische Profil der Einzelschule wirkt in gewisser Weise als Selektionsmechanismus. Es entsteht eine Tendenz zur Homogenisierung der Schülerschaft bereits bei Eintritt in die Schulen der Sekundarstufe I, indem vor allem Schüler mit bestimmten ähnlichen Bildungsinteressen angezogen werden. Eine durchgängig höhere Lernmotivation könnte die Folge sein.
- Durch die Erweiterung der Verantwortung der Einzelschule gewinnt die pädagogische Freiheit der Schule als Institution

gegenüber der pädagogischen Freiheit des einzelnen Lehrers an Gewicht. Kooperation und Kommunikation werden zu immanenten Erfordernissen im Lehrerkollegium sowie in den Beziehungen zu den Schülern und Eltern. Die Förderung der pädagogisch professionellen Kommunikation in der Lehrerschaft der Einzelschule wirkt sich direkt auf die Unterrichtsgestaltung des einzelnen Lehrers aus. Die bisherige Verselbständigung von Unterricht kann überwunden werden.

Diese Effekte treten scheinbar nur unter bestimmten Voraussetzungen im Umgang mit „Schulautonomie" auf. Dazu gehören insbesondere:

- die Verfügbarkeit über pädagogische, curriculare sowie schul- und unterrichtsorganisatorische Entscheidungen, was zugleich die präzise und exakte Formulierung verbindlicher (und demokratisch legitimierter) Qualitätsstandards als Zielvorgaben erforderlich macht;
- ein klar geregelter Rahmen für eine selbständige Personalrekrutierung durch die Einzelschule;
- die Eigenbewirtschaftung eines globalen Haushalts einschließlich der Übertragung von Haushaltsmitteln;
- die Sicherung von Kenntnis und Kontrolle des Outputs der Einzelschule im Vergleich zu den vorgegebenen – und in einem innerschulischen Aushandlungsprozess schulspezifisch akzentuierten – Standards, einschließlich der Schaffung professioneller Unterstützungssysteme;
- eine zunehmend verantwortliche Rolle des Schulleiters / der Schulleiterin / der Schulleitung in Schulen mit erweiterter Verantwortung, was deren professionelle Qualifizierung und Kompetenzstärkung erfordert;
- eine neue Balance zwischen erweiterter Verantwortung der Einzelschule einerseits und (zentralen) bildungspolitischen Vorgaben, qualitätsorientierter Unterstützung und Steuerung im Schulsystem, verbindlichen und vergleichbaren

Standards sowie administrativen Normierungen andererseits.

Trotz staatlicher Verbindlichkeit ist bei dieser neuen Form von „Schulautonomie" auch mit neuen Dilemmata und Risiken zu rechnen. Die längerfristigen Folgeprobleme von Schulen in erweiterter Verantwortung, insbesondere hinsichtlich einer Flexibilisierung von Bildungsgängen sind offen. Eine solche Entwicklung bedarf nicht nur der ihr entsprechenden externen und internen Verfahren der Qualitätssicherung, sondern auch einer Neubestimmung von Funktion und Struktur der Schulaufsicht und der rechtlichen, politischen, administrativen und praktischen Bewältigung des Verhältnisses von Vorgaben (Standards), Eigengestaltung und Kontrolle. Unbestritten ist jedoch, dass Schulen auf Grund der Vielfalt der Probleme mit denen sie heute konfrontiert sind, ganz unterschiedliche, nach Schulart bzw. Schulform, regionaler Lage, sozialer Herkunft der Schülerschaft usw. schulspezifische Herausforderungen zu bewältigen haben und dafür einen je eigenverantwortlichen Gestaltungsspielraum brauchen. Das schließt auch einen genau definierten Entscheidungsrahmen hinsichtlich der Flexibilisierung von Bildungsgängen ein. Entscheidendes Kriterium ist und bleibt dabei, jeder Schülerin und jedem Schüler möglichst viele Optionen für die individuelle Lebensgestaltung zu eröffnen und nicht etwa zu verschließen.

## Literatur

ACKERMANN, H. / WISSINGER, J. (Hrsg.) (1998): Schulqualität managen. Von der Verwaltung der Schule zur Entwicklung von Schulqualität. Neuwied.

ARBEITSGRUPPE SCHULAUTONOMIE (1993): Mehr „Autonomie" für Hamburger Schulen? In: Lorent, H.-P. de/Zimdahl, G. (Hrsg.): Autonomie der Schule, Hamburg, S. 150–157.

AVENARIUS, H. (1994): Schulische Selbstverwaltung – Grenzen und Möglichkeiten. In: Recht der Jugend und des Bildungswesens, 42 (2), S. 256–269.

AVENARIUS, H. (1997): Schulische Selbstverantwortung und Demokratieprinzip. In: Eichel / Möller (Hrsg.): 50 Jahre Verfassung des Landes Hessen. Festschrift. Wiesbaden, S. 178–190.

AVENARIUS, H. / BAUMERT, J. / DÖBERT, H. / FÜSSEL, H.-P. (Hrsg.): Schule in erweiterter Verantwortung. Neuwied 1998.

BAUMERT, J. / LEHMANN, R. u. a. (1997): TIMSS-Mathematisch-naturwissenschaftlicher Unterricht im internationalen Vergleich. Deskriptive Befunde. Opladen.

BECKER, H. (1954): Die verwaltete Schule. Recht der Jugend und des Bildungswesens, 41 (2), S. 130–147.

BECKER, H. (1982): Reform der Bildungsverwaltung. In: Häberle, P. (Hrsg.): Kulturstaatlichkeit und Kulturverfassungsrecht. Darmstadt, S. 273–291.

BEETZ, S. (1997): Hoffnungsträger „Autonome Schule". Beiträge zur empirischen Erziehungswissenschaft und Fachdidaktik. Frankfurt am Main.

BERLINER MODELLVERSUCH „Schule in erweiterter Verantwortung" (1995): Rahmenkonzept. Berlin.

BILDUNGSKOMMISSION NRW (1995): Zukunft der Schule – Schule der Zukunft. Neuwied.

DASCHNER, P. / ROLFF, H.-G. / STRYCK, T. (Hrsg.) (1995): Schulautonomie – Chancen und Grenzen. Juventa, Weinheim.

DEUTSCHER BILDUNGSRAT (1970): Empfehlungen der Bildungskommission. Strukturplan für das Bildungswesen. Bonn.

DEUTSCHER BILDUNGSRAT (1973): Empfehlungen der Bildungskommission. Zur Reform von Organisation und Verwaltung im Bildungswesen, Teil 1: Verstärkte Selbständigkeit der Schule und Partizipation der Lehrer, Schüler und Eltern. Bonn.

DEUTSCHER JURISTENTAG (Hrsg.) (1981): Schule im Rechtsstaat, Band 1 – Entwurf für ein Landesschulgesetz. Bericht der Kommission Schulrecht des Deutschen Juristentages.

DÖBERT, H. (1997): Schulen in erweiterter Verantwortung – Projekte und Modellversuche in Berlin und Brandenburg. In: Recht der Jugend und des Bildungswesens, 45 (4), S. 406–414.

DÖBERT, H. / GEIẞLER, G. (Hrsg.) (1997): Schulautonomie in Europa. Baden-Baden.

FREIE HANSESTADT BREMEN (Hrsg.) (1993): Innovation und Kontinuität. Empfehlungen zur Schulentwicklung in Bremen. Bericht der Kommission zur Weiterführung der Schulreform in Bremen. Bremen.

FRISTER, E. (1994): Autonomie – ein Patentrezept? In: Die Deutsche Schule, 86 (2), S. 154–159.

FÜSSEL, H.-P. (1994): Selbstbestimmung und Selbstverwaltung. In: schulmanagement, 25 (5), S. 38–40.

GEIẞLER, GEORG (1929): Die Autonomie der Pädagogik. Langensalza.

GEIẞLER, G. (1979): Schule, Recht und Verwaltung in Deutschland. Ein bildungshistorischer Exkurs. In: Döbert, H. / Geißler, G. (Hrsg.): Schulautonomie in Europa. Baden-Baden.

HÖRNER, W. (1991): Von der Autonomie der Pädagogik zur Autonomie des Schulsystems. Vergleichende Aspekte einer Begründung von Schulautonomie. In: Bildung und Erziehung, 44 (4), S. 373–390.

HOLZAPFEL, H. (1994): Autonomie verändert die Schule schneller als erwartet. Der hessische Kultusminister Hartmut Holzapfel zu ersten Erfahrungen, zu Personal- und Finanzautonomie. In: Pädagogik, 46 (9), S. 46–48.

MAGOTSIN-SCHWEIZERHOF, E. (1996): Zur Debatte um die Schulautonomie und die Folgen für die Chancengleichheit von Migrantenkindern. Frankfurt am Main.

MARTINI, R. (1997): „Schulautonomie". Auswahlbibliographie 1989–1996. GFPF-Materialien zur Bildungsforschung. Frankfurt am Main.

MITTER, W. (1996): Staat und Markt im internationalen Bildungswesen aus historisch-vergleichender Sicht – Gegner, Konkurrenten, Partner? In: Zeitschrift für Pädagogik, 35. Beiheft. Beltz, Weinheim und Basel, S. 125–142.

OELKERS, J. (1995): Schulreform und Schulkritik. Würzburg.

RICHTER, I. (1995): Theorien der Schulautonomie. In: Daschner, P. / Rolff, H.-G. / Stryck, T. (Hrsg.): Schulautonomie – Chancen und Grenzen. Weinheim, S. 9–29.

ROLFF, H.-G. (1993): Wandel durch Selbstorganisation. Weinheim und Basel.

ROLFF, H.-G. (1994): Gestaltungsautonomie verwirklichen. Lehrerinnen und Lehrer als Träger der Entwicklung. In: Pädagogik, 46 (4), S. 40–44.

SPRANGER, E. (1963): Die wissenschaftlichen Grundlagen der Schulverfassungslehre und Schulpolitik (1928). Bad Heilbrunn.

TENORTH, H.-E. (1989): Die Last der Autonomie. Über Widersprüche zwischen Selbstbeschreibung und Analysen des Bildungssystems seit dem 19. Jahrhundert. In: Jeismann, E.-E. (Hrsg.): Bildung, Staat, Gesellschaft im 19. Jahrhundert. Stuttgart, S. 413–431.

TIMMERMANN, D. (1987): Bildungsmärkte oder Bildungsplanung. Eine kritische Auseinandersetzung mit zwei alternativen Steuerungssystemen und ihren Implikationen für das Bildungssystem. Mannheim.

TIMMERMANN, D. (1995): Abwägen heterogener bildungsökonomischer Argumente zur Schulautonomie. In: Zeitschrift für Pädagogik, 41 (1), S. 49–60.

VOGEL, J. P. (1991): Schulen in freier Trägerschaft als Beispiel einer Balance von Autonomie und öffentlicher Verantwortung. In: Bildung und Erziehung, 44 (4), S. 427–435.

WEISHAUPT, H. / WEIß, M. (1997): Schulautonomie als theoretisches Problem und als Gegenstand empirischer Bildungsforschung. In: Döbert, H. / Geißler, G. (Hrsg.): Schulautonomie in Europa. Baden-Baden, S. 27–46.

WEIß, M. (1993): Der Markt als Steuerungssystem im Schulwesen? In: Zeitschrift für Pädagogik, 39 (1), S. 71–84.

DIEMUT KUCHARZ

# Flexibilisierung des Schuleintritts und Individualisierung des Schulanfangs

Viele Kinder sehen ihrer kommenden Einschulung mit eher gemischten Gefühlen entgegen: Da ist einerseits die Freude darauf, endlich in die Welt der Erwachsenen einzutreten, lesen, schreiben und andere interessante Dinge lernen zu können. Andererseits spüren Kinder einen höheren Erwartungsdruck von verschiedenen Seiten: Sie sind unsicher, ob sie gute Leistungen bringen und nicht versagen werden, wenn der „Ernst des Lebens“ beginnt. Mit diesen ambivalenten Empfindungen treffen die Kinder recht gut die Tragweite des Schulanfangs. Ein freudvoller, erfolgreicher Schulstart ist für jedes einzelne Kind von großer Bedeutung, denn er legt entscheidende Weichen für zukünftiges schulisches Lernen.

## Begriffsklärung

In der Diskussion um eine „*Flexibilisierung* des Schuleintritts“ geht es vor allem um die Frage, in welchem Alter ein Kind in die Schule “eintreten“ soll. Die bisher geltende Stichtagsregelung, nach der alle Kinder, die bis zum 30. Juni das sechste Lebensjahr vollendet haben, im August desselben Jahres schulpflichtig werden, steht auf dem Prüfstand. Kinder unterscheiden sich in ihrer Entwicklung in so erheblichem Maße, dass weniger denn je eine homogene Lernausgangslage zu Schulbeginn vorausgesetzt werden kann.[1] In der bisherigen

[1] Dieser Umstand wurde in den vergangenen Jahrzehnten unter dem Stichwort „Veränderte Kindheit“ erklärt. Gesellschaftliche Veränderungen haben Auswirkungen auf das Aufwachsen von Kindern, die unterschiedlich beschrieben werden: Krisenkindheit, Konsumkindheit, verinselte, gehetzte, Ein-Kind-Kindheit, Armutskindheit, multikulturelle Kindheit, um nur einige zu nennen.

Form – so die Kritik – wird der Schulanfang den einzelnen Kindern nicht mehr gerecht. Deshalb soll der Schuleintritt zukünftig flexibler gehandhabt werden: Frühere Einschulungen sollen ermöglicht, Zurückstellungen vermieden werden, und unter Umständen können sogar mehrere Einschulungszeitpukte im Schuljahr vorgesehen werden.

Eine solche Flexibilisierung des Schuleintritts hat zwangsläufig Auswirkungen auf den Schulanfang und die Gestaltung der ersten Schuljahre. Denn die Differenz in der Entwicklung aller sechsjährigen Kinder wird erhöht durch die Einschulung jüngerer Kinder oder solcher Kinder, die bisher wegen mangelnder Schulfähigkeit zurückgestellt worden wären. Damit alle Kinder einen positiven Schulstart haben, ist der Schulanfang so zu gestalten, dass er den jeweiligen Lernvoraussetzungen der einzelnen Kinder gerecht wird, also in besonderem Maße individualisiert wird.

## Problemstellung

Der Eintritt in die Schule bedeutet für die Kinder und ihre Eltern einen tiefgreifenden Einschnitt in ihrem Leben: Die Schule richtet spezifische Anforderungen an ihre Schülerinnen und Schüler, und die Kinder kommen mit ihren individuellen Lebenserfahrungen in die Schule. „Für beide Seiten entstehen daraus seit der allmählichen Durchsetzung der allgemeinen Schulpflicht Aufgaben: Schülerinnen und Schüler müssen grundlegende Qualifikationen erwerben und mit den Strukturen der Schule zurechtkommen; und die Schule muss angemessene Strukturen bereitstellen, um ihren Bildungsauftrag zu erfüllen und mit den Schülerpersönlichkeiten zurechtzukommen.“ (PRENGEL, 1999, S. 9)

Im Übergang vom Kindergarten zur Schule bzw. von der Familie zur Schule treffen die Kinder in verschiedenen Bereichen auf neue Anforderungen, die ihnen gestellt werden:

Im sozialen Bereich sind die Kinder mit einer neuen Gruppenkonstellation konfrontiert, alte Bindungen mussten teilweise aufgegeben, neue aufgebaut werden. Aus „Großen“ sind wieder „Kleine“ geworden.

Im kognitiven Bereich verändern sich die Anforderungen gravierend: Sie werden sehr viel größer, gezielter und weniger selbstbestimmt. Die erfolgreiche Bewältigung dieser Anforderungen gewinnt an Bedeutung.

Im motorischen Bereich erwartet die Kinder eine beträchtliche Einschränkung ihrer Bewegungsfreiheit, Bewegung wird stärker kanalisiert. Gleichzeitig werden sehr viel differenziertere Bewegungsabläufe vor allem im feinmotorischen Bereich erwartet.

Deutlich verändern sich auch die Erwartungen der Eltern, der Pädagogen/-innen und der Umwelt an die Kinder und ihre Leistungen, die sie erzielen (vgl. HACKER, 1998, S. 14).

Ob es dem einzelnen Kind gelingt, mit diesen neuen Anforderungen zurechtzukommen, also diesen Übergang als eine positive Anregung zu erfahren, oder ob der Übergang eher einen krisenhaften Einschnitt in die biographische Entwicklung darstellt, ist von entscheidender Bedeutung für die weitere Entwicklung eines Kindes. Pädagogisch und organisatorisch stellt sich deshalb die Frage nach der Gestaltung des Schuleintritts in einer solchen Form, die allen Kindern zu einer erfolgreichen Bewältigung der neuen Anforderungssituation verhilft und somit eine erfolgreiche Lernentwicklung fördert.

## Schulreife und Schulfähigkeit

Unter *Schulfähigkeit* werden die Voraussetzungen verstanden, über die ein Kind zum Schuleintritt verfügen soll. Dem liegt die Auffassung zu Grunde, dass Schulerfolg ganz wesentlich mit dem richtigen Zeitpunkt der Einschulung zusammenhängt. Auf diesen Zusammenhang machte bereits 1951 ARTHUR KERN mit seiner Schrift „Sitzenbleiberelend und

Schulreife“ aufmerksam (KERN, 1951). Ausgangspunkt seiner Überlegungen waren Beobachtungen, dass der Anteil der Schüler, die eine Klasse wiederholen mussten, in den ersten Schuljahren besonders hoch waren. Er vertrat die Auffassung, dass dieser Umstand nicht auf mangelnde Begabung, sondern auf fehlende Reife zurückzuführen sei. Würde man Kinder erst dann einschulen, wenn sie die nötige „*Schulreife*“ besitzen, bliebe ihnen das „Sitzenbleiberelend“ erspart.

Dahinter verbirgt sich die in den 1950er-Jahren von zahlreichen Entwicklungspsychologen vertretene Auffassung, dass Entwicklung durch endogene Reifeprozesse bestimmt wird, die in einzelnen aufeinander aufbauenden Stufen oder Phasen verläuft und sich nach einem inneren Bauplan vollzieht.[2] Da man auch davon ausging, dass sich die verschiedenen Kompetenzen eines Kindes gleichschrittig entwickeln, konnte man von einem Entwicklungsmerkmal auf andere schließen. Zum Beispiel konnte anhand der körperlichen Reife auf die kognitive geschlossen werden. Kern entwickelte einen Schulreifetest, der im Wesentlichen allein die Gliederungsfähigkeit der Kinder überprüfte, und schloss damit auf ihre Schulreife.

Im Laufe der 1960er-Jahre wurde dieser Gleichschritt in der Entwicklung verschiedener Kompetenzen zunehmend in Frage gestellt und für die Feststellung der Schulreife wurden mehrdimensionale Verfahren entwickelt. Immer stärker rückte der Einfluss der Umwelt auf die Entwicklung eines Kindes in den Mittelpunkt wie zum Beispiel der Anregungsgehalt durch die soziale Herkunft oder die kognitive Frühförderung durch Familie und Kindergarten. Fähigkeitskonzepte lösten die Reifungskonzepte ab, statt um „Schulreife“ geht es seither genau genommen um „Schulfähigkeit“. Die Kriterien für Schulfähigkeit wurden neben den Kompetenzen noch um die

[2] Vgl. W. KNÖRZER / K. GRASS, 2000, S. 113f. KNÖRZER / GRASS nennen an dieser Stelle Entwicklungspsychologen wie OTTO TURMLITZ (1924), CHARLOTTE BÜHLER (1928), OSWALD KROH (1926, 1929) und ADOLF BUSEMANN (1925, 1953).

subjektive und soziale Schulbereitschaft des Kindes erweitert. Aber: Sowohl die Reifungs- als auch die Fähigkeitskonzepte haben allein das Kind im Blick, konzentrieren sich also auf das Individuum und entlasten die Schule von Veränderungsbemühungen.

Neuere entwicklungspsychologische Konzepte, die umweltpsychologische Aspekte mit einbeziehen[3], ermöglichen es, Einschulung aus ökologisch-systemischer Sicht zu betrachten, um die Wechselbeziehungen zwischen dem Kind als Schulanfänger, seiner Umwelt und der Schule in den Blick zu bekommen. HORST NICKEL entwickelte in den 1980er-Jahren in Anlehnung an URIE BRONFENBRENNER ein ökopsychologisches Schulreifemodell, um die vielfältigen Wechselbeziehungen zwischen Schule, Kind und Ökologie deutlich zu machen (NICKEL, 1991). Schulreife bedeutet in seinem Konstrukt eine optimale Passung von Kind und Schule sowie eine wechselseitig fördernde Interaktion der ökologischen Komponenten, nämlich Schule, Vorschule und Familie (vgl. NICKEL, 1991, S. 92). Ein günstiger oder ein krisenhafter Entwicklungsverlauf hängt demnach von der Art der neuen Anforderungen und ihrer Abstimmung mit den individuellen Kapazitäten ab. NICKEL zeigt dafür drei denkbare Verlaufstypen auf:

„1. Sind die neuen Anforderungen qualitativ oder quantitativ zu gering, so bleibt das individuelle Wachstumspotenzial teilweise ungenutzt, die Entwicklung verläuft dann eher verzögert und erreicht nicht ihr volles Optimum.

2. Sind die Anforderungen qualitativ oder quantitativ zu hoch, kommt es zum Versagen und in Extremfällen sogar zur Regression.

3. Nur wenn die Anforderungen den individuellen Kapazitäten entsprechen, kann der Entwicklungsverlauf als op-

[3] Vgl. U. BRONFENBRENNER: Die Ökologie der menschlichen Entwicklung. Stuttgart: Klett-Cotta 1981.

> timal und damit sowohl für das Individuum als auch für die Umweltinstanzen als befriedigend bezeichnet werden. (...)

Insofern stellt sich der vermeintlich gesellschaftlich bedingte Übergang 'Schuleintritt' ökopsychologisch gesehen letztlich als ein vielschichtiger Wechselwirkungsprozess dar, der deshalb auch keine generelle, sondern nur eine differenzielle Lösung zulässt" (NICKEL, 1991, S. 95).

Wird Schuleintritt als begleiteter ökologischer Übergang gestaltet, hat das Konsequenzen für die Verwendung von Schuleingangsdiagnostik. Sie dient dann nicht mehr der Selektion, sondern wird als Instrument für eine gezielte individualisierte Förderung eingesetzt.

Eine weitere wichtige Voraussetzung ist die Bereitschaft der Schule, ihre eigenen Bedingungen, Anforderungen und pädagogischen Maßnahmen nicht mehr als gesetzte Norm zu betrachten, dem sich das Kind durch entsprechende Maßnahmen oder Förderung anzupassen hat. „Ein ökologisch-systemisches Denken im hier dargelegten Sinne muss sich aber umgekehrt auch die Frage stellen, wie schulische Anforderungen in einer Weise modifiziert werden können, dass sie kindgerechter werden, ohne damit allerdings grundlegende und notwendige Lernziele aufzugeben. Eine geradezu unverzichtbare Maßnahme stellt dabei eine innere Differenzierung bzw. Individualisierung des Unterrichts dar" (NICKEL, 1991, S. 97).

Ging es bislang vor allem darum festzustellen, ob ein Kind alle Voraussetzungen erfüllt, damit es eingeschult werden kann, rückt nun also erstmals auch die Schule als aufnehmende Instanz ins Blickfeld, die „von der Vorstellung fester und für alle Kinder einheitlicher schulischer Erwartungen Abschied nehmen muss" (KNÖRZER / GRASS, 2000, S. 122). Das Konstrukt der Schulreife hat einen Paradigmenwechsel erfahren: Nicht mehr die individuellen Voraussetzungen und Fähigkeiten des Kindes stehen im Zentrum, sondern genauso die aufnehmende Schule: „Die Grundschule hat die Aufgabe, die 'Schulfähigkeit' ihrer Schüler mit den Kindern selbst zu erarbeiten" (FAUST-SIEHL u. a. 1996, S. 140). Schulfähigkeit wird damit zu einer relativen Größe, die im „Schnittpunkt folgender drei Bestimmungsgrößen (steht):

- Anlagen und Reifung
- vorschulische Lernchancen und Lerngeschichte
- Organisationsstruktur und Anforderungen der Schule" (KNÖRZER / GRASS, 2000, S. 122f.).

FAUST-SIEHL u. a. plädieren in diesem Zusammenhang sogar dafür, den Begriff Schulfähigkeit ganz fallen zu lassen.

Ein Indiz dafür, dass die so genannte „Schulfähigkeit" keine Eigenschaft des Kindes ist, sondern erheblich von der Qualität und den Strukturen des Schulangebotes mitbestimmt wird, sind die großen Schwankungen der Rückstellungsquote zwischen den Ländern und innerhalb der Länder und sogar zwischen einzelnen Schulen. Deshalb schreibt die KMK in ihren neuen Empfehlungen zum Schulanfang: „Schulfähigkeit steht im Schnittpunkt der Lernvoraussetzungen des Kindes, des sachlichen Anspruchs der Inhalte und des pädagogischen Konzepts der Schule. Eine einseitig auf das Kind ausgerichtete Feststellung der Schulfähigkeit wird diesem Verständnis nicht gerecht.

Die in vielen Schulen eingesetzten Verfahren zur Feststellung der Schulfähigkeit erfassen den Entwicklungs- und Kenntnisstand des Kindes nur punktuell, nicht aber seine Entwicklungsmöglichkeiten. Sie geben kaum Hinweise auf die Lern- und Entwicklungshilfen, durch die das einzelne Kind angemessen gefördert werden kann. Deshalb sind Ergebnisse rein kognitiv ausgerichteter Schulfähigkeitstests als alleinige Grundlage der Entscheidung über die Aufnahme eines Kindes in die Schule nicht hinreichend" (KMK, 1997).

## Gesetzliche Regelungen

Die Diskussion um die Schulreife zeigt, dass eine möglichst problemlose Gestaltung des Schuleintritts seit der Einrichtung einer gemeinsamen Grundschule für alle Kinder ein wichtiges Thema ist und sich die Verfahren hierfür immer wieder verändern. Gründe dafür liegen in neuen wissenschaftlichen Erkenntnissen über Entwicklung, Lernen und Unterrichtsgestaltung, in veränderten gesellschaftlichen Bedingungen und Erwartungen, im gewandelten Lebensumfeld von Kindern und deren Familien oder in neuen schulorganisatorischen Voraussetzungen. Seit dem Grundschulgesetz der Weimarer Republik von 1919 gilt in Deutschland die Regelung, dass Kinder im Alter von sechs Jahren schulpflichtig werden. Im Hamburger Abkommen von 1964 wurde eine einheitliche Stichtagsregelung festgelegt, die bis vor kurzem galt. Gleichzeitig wurden zwei Maßnahmen zugelassen, die die Bildung weitgehend entwicklungshomogener Gruppen ermöglichen sollte:

- Die Möglichkeit der Zurückstellung für ein Kind, wenn aufgrund seines Entwicklungsstandes kein erfolgreicher Schulbesuch zu erwarten ist.[4]
- Die vorzeitige Einschulung von Kindern, die bis zum 31. Dezember des Kalenderjahres das sechste Lebensjahr vollenden, wenn aufgrund des körperlichen und geistigen Entwicklungsstandes des Kindes zu erwarten ist, dass es mit Erfolg am Unterricht teilnehmen wird.[5]

Diese Regelungen haben zur Folge, dass bereits in den Anfangsklassen die Altersspanne zwischen den Schülerinnen und Schülern bis zu 30 Monate umfassen kann.

---

[4] Vgl. den Beschluss der Kultusministerkonferenz vom 19./20.Januar 1967: „Anrechnung der Zurückstellung vom Pflichtschulbesuch auf die Dauer der Schulpflicht", Beschlusssammlung Nr. 825.1.

[5] Vgl. den Beschluss der Kultusministerkonferenz vom 28.März 1968: „Vorzeitige Einschulung von noch nicht schulpflichtigen Kindern", Beschlusssammlung Nr. 825.

Eine im internationalen Vergleich relativ späte *Einschulung* – das durchschnittliche Einschulungsalter beträgt in der Bundesrepublik Deutschland etwa 6,9 Jahre[6] – und damit zwangsläufig hohe Alter der Schulabgänger veranlasste die Kultusministerkonferenz 1997, die Einschulungspraxis der Länder zu überprüfen. Es wurde deutlich: Einer über viele Jahre hinweg relativ konstanten vorzeitigen Einschulungsquote von ca. 3 % steht eine Rückstellungsquote von 10 % mit in den letzten Jahren steigender Tendenz gegenüber, die zudem großen Schwankungen unterliegt. Die Schwankungen liegen zwischen 5 und 14 % und variieren zwischen den einzelnen Bundesländern, aber auch zwischen einzelnen Schulen im gleichen Ort.[7]

Diese Erfahrungen veranlassten die Kultusministerkonferenz 1997 neue Empfehlungen zum Schulanfang herauszugeben und die Beschlüsse aus den Jahren 1967 und 1968 zur Zurückstellung und vorzeitigen Einschulung von Kindern aufzuheben. Die neuen Empfehlungen enthalten Folgendes:

- „Die Schulpflicht beginnt für alle Kinder, die bis zu dem vom jeweiligen Land schulgesetzlich festgelegten Stichtag das sechste Lebensjahr vollendet haben, am 1. August desselben Jahres, in der Regel mit Beginn des Unterrichts nach den Sommerferien. Der Stichtag soll zwischen dem 30. Juni und 30. September während eines Schuljahres liegen. Darüber hinaus können die Länder zusätzlich Einschulungsmöglichkeiten während eines Schuljahres vorsehen.
- Kinder, die nach dem jeweils festgelegten Stichtag für die Einschulung das sechste Lebensjahr vollenden, können auf Antrag ihrer Erziehungsberechtigten vorzeitig in die Schule aufgenommen werden. In begründeten Ausnahmefällen

[6] Vgl. K. BURK / G. FAUST-SIEHL, 1999, S. 82. Die Niederlande und Frankreich beispielsweise schulen bereits mit 5 Jahren ein, lediglich in Dänemark werden die Kinder noch später, nämlich erst mit 7 Jahren eingeschult.

[7] Vgl. Sekretariat der Ständigen Konferenz der Kultusminister der Länder: Empfehlungen zum Schulanfang. Beschluss der Kultusministerkonferenz vom 24.10.1997.

können auch Kinder vorzeitig eingeschult werden, die nach dem 31. Dezember geboren worden sind. Näheres regeln die Länder in eigener Zuständigkeit.

- Eine Zurückstellung vom Schulbesuch ist im Ausnahmefall möglich. Sie erfolgt dann, wenn zu erwarten ist, dass eine Förderung im schulischen Rahmen keine für die Entwicklung des Kindes günstigeren Voraussetzungen schafft. Die Entscheidung über die Zurückstellung eines Kindes vom Schulbesuch soll möglichst in zeitlicher Nähe zum Schuljahresbeginn getroffen werden. Die Zeit der Zurückstellung vom Schulbesuch wird grundsätzlich nicht auf die Schulpflicht angerechnet. Näheres regeln die Länder in eigener Zuständigkeit." (KMK, 1997)

Bereits 1994 formulierte der Arbeitskreis Grundschule in seinen Standpunkten zur Grundschulreform Forderungen für eine Neugestaltung von Einschulung und Schulanfang. Dort heißt es z.B.: „Der Grundschulverband vertritt den Standpunkt, dass nicht das Kind 'schulfähig', sondern die Schule kindgerechter werden muss in Bezug auf Schulorganisation, Inhalte und Methoden. Die Grundschule darf nicht länger 'Schulfähigkeit' als Eingangsbedingung voraussetzen, sie hat vielmehr die Pflicht, alle Mädchen und Jungen aufzunehmen und anzunehmen, so wie sie sind. Die Grundschule ist so zu gestalten, dass sie die 'Schulfähigkeit' ihrer Schülerinnen und Schüler mit den Kindern selbst erarbeiten kann."[8]

Demnach haben die Empfehlungen der *Kultusministerkonferenz* weitgehend die Forderungen des Grundschulverbands aufgegriffen: Auf eine einheitliche Stichtagsregelung wird größtenteils verzichtet, vielmehr sind jetzt auch flexible, auf das einzelne Kind bezogene Einschulungstermine in einem Schuljahr möglich. Ferner soll es Zurückstellungen fortan nur noch in begründeten Ausnahmefällen geben, prinzipiell sind

[8] Arbeitskreis Grundschule: Standpunkte zur Grundschulreform. Grundsatzprogramm des Grundschulverbandes, Frankfurt/M. 1994.

alle Kinder einzuschulen. Die sog. „Kann-Regelung“ wird erweitert, auch Kinder, die erst im kommenden Kalenderjahr das sechste Lebensjahr vollenden, können eingeschult werden. Jedes Bundesland soll sein Verfahren selbst regeln.

Einige Bundesländer haben bereits ihre Schulgesetze entsprechend geändert, andere erproben in verschiedenen Modellversuchen eine entsprechende Neukonzeption der Schuleingangsstufe.

## Modelle einer neugestalteten Schulanfangsphase

Im Folgenden sollen beispielhaft Modellversuche aus vier Bundesländern vorgestellt werden.[9] Ihnen gemeinsam ist das Bestreben, das Verfahren zum Schuleintritt und die Gestaltung der Schulanfangsphase den heutigen Bedingungen und Voraussetzungen von Kindern anzupassen und damit dem veränderten Verständnis von „Schulfähigkeit“ im Sinne einer „kindfähigen Schule“ gerecht zu werden. Skizziert werden Modellversuche aus Hessen, Niedersachsen, Baden-Württemberg und Berlin in der zeitlichen Reihenfolge ihres Beginns.

### Hessen: Die neue Schuleingangsstufe

Bereits im Jahr 1994 richtete Hessen einen Modellversuch zur pädagogischen und strukturellen Neukonzeption des Schulanfangs ein. Im Zentrum stand die Frage nach den erforderlichen strukturellen und konzeptionellen Veränderungen,

---

[9] Auch in anderen Bundesländern laufen dazu Versuche: in Bremen, in Brandenburg „Schuleingangsphase FLEX“, in Hamburg „Flexibilisierung des Schulanfangs durch Einheit von Vorschulklasse und Klasse 1“, in Nordrhein-Westfalen „Integrierte Eingangsstufe“, in Rheinland-Pfalz „Gemeinsamer Schulanfang“, in Sachsen „Schulanfang ohne Zurückstellungen“, in Sachsen-Anhalt „Integrativer Schulanfang“, in Schleswig-Holstein „Flexible Eingangsphase in der Grundschule“ und in Thüringen (vgl. CARLE, 2000, S. 230f.)

wenn alle schulpflichtigen Kinder und alle „Kann"-Kinder ohne Feststellung der Schulfähigkeit in die erste Klasse aufgenommen werden. Zunächst fünf Modellschulen waren aufgefordert, ein entsprechendes Konzept zu entwickeln, das folgende Rahmenvorgaben umfassen sollte:

- Die Schulfähigkeit eines Kindes wird nicht mehr überprüft, sondern alle schulpflichtigen Kinder und die Antragskinder werden aufgenommen.
- Die Diagnostik dient nicht mehr zur Feststellung der Schulfähigkeit, sondern soll Hinweise für individuelle Fördermaßnahmen in der Schule geben.
- Der Unterricht muss so gestaltet sein, dass jedes Kind seinen Voraussetzungen entsprechend Lernangebote bekommt. Dabei ist selbstständiges Arbeiten zu fördern, insbesondere durch Formen offenen Unterrichts wie Tages- und Wochenpläne, Werkstattangebote, Arbeit in Lernecken usw. und durch eine Rhythmisierung des Schulvormittags.
- Schulpädagogische und sozialpädagogische Arbeit werden verzahnt, indem Lehrer/-innen und Sozialpädagogen/-innen im Team zusammenarbeiten, in dem alle wichtigen pädagogischen Entscheidungen getroffen werden.
- Kindern, die mehr Zeit zum Lernen brauchen, ist eine indivdiuelle Verweildauer im 1. und 2. Schuljahr zu gewähren. Dafür sind Angebote von zumindest teilweisem jahrgangsübergreifenden Lernen erforderlich.
- Die Modellschulen bieten eine erweiterte Öffnungszeit von fünf Zeitstunden an.
- Als weitere Möglichkeit, sich an den Bedürfnissen der Kinder zu orientieren, kann ein weiterer Einschulungstermin zum Halbjahr vorgesehen werden. (vgl. BURK, 1998, S. 15f.)

Der Versuch ist inzwischen abgeschlossen, die Erfahrungen der Modellschulen sind ausführlich dokumentiert (vgl. BURK, 1998).

## Niedersachsen: Modellversuch zur Neustrukturierung des Schulanfangs

Anlass für die Einrichtung dieses Modellversuchs war für den niedersächsischen Landtag die Beobachtung, „dass die Grundschule entgegen ihrer eigentlichen Konzeption bei der Aufnahme von Kindern stark selektiv wirkt bzw. als stark selektierend wahrgenommen wird.“ [10] Eltern zögen die Einschulung ihrer Kinder hinaus, das Durchschnittsalter der Schulanfänger steige im internationalen Vergleich. Dem stehe die gesellschaftliche Forderung nach Integration aller Kinder in der Schule entgegen: „Gleichzeitig wächst in der Gesellschaft die Erwartung, dass alle Kinder gemeinsam ihre wohnortnahe Grundschule besuchen können. Dazu gehört, dass Behinderte nicht länger ausgesondert werden“ (ebd.). Aus diesem Grunde sei eine Veränderung des Einschulungsverfahrens und des Schulanfangs in der Weise erforderlich, dass die Grundschule „Schulfähigkeit nicht mehr voraussetzt, sondern durch entsprechende Förderung selbst entwickelt“ (ebd.). Eine Neustrukturierung des Schulanfangs sollte deshalb zunächst an zehn Modellschulen erprobt werden, die bereits Volle Halbtagsschule waren. Der Versuch war auf fünf Jahre angelegt und die Schulen konnten ihre Teilnahme beantragen. Die meisten Schulen begannen im Schuljahr 1996/97 mit der Erprobung.

Folgende Zielsetzungen wurden vereinbart:

- „Verzicht auf Zurückstellungen und Aufnahme aller Kinder eines Schuljahrgangs ohne Schulfähigkeitsprüfung
- Entwicklung der Schulfähigkeit in der Grundschule und Verbesserung der Kindfähigkeit der Schule

[10] Niedersächsischer Landtag: Neustrukturierung des Schulanfangs. Schuleintritt und pädagogische Gestaltung der ersten beiden Schuljahre in Vollen Halbtagsschulen, Drucksache 13/1023, Hannover 1995. S. auch bei: U. CARLE: Was bewegt die Schule? Baltmannsweiler: Schneider Verlag Hohengehren 2000, S. 233f.

- Individuelle Verweildauer in den ersten beiden Schuljahren von ein bis drei Jahren
- Individualisierung und Differenzierung bei gleichzeitiger Integration
- Einrichtung einer jahrgangsübergreifenden Schulanfangsklasse
- Integration von Sozialpädagogen in die Schuleingangsphase
- Rhythmisierung des Schulvormittags und verlässliche Öffnungszeiten (Volle Halbtagsschule)" (CARLE, 2000, S. 234).

Die konkrete Umsetzung in organisatorischer und methodisch-didaktischer Hinsicht ist den Modellschulen überlassen. Zur Integration von Kindern mit sonderpädagogischem Förderbedarf im Sinne von Lern- und Erziehungshilfe wurden den Schulen zwei Sonderschullehrerstunden pro Woche pro erster und zweiter Klasse zugewiesen. Für die Entwicklung der Schulfähigkeit stehen 0,5 sozialpädagogische Stunden pro Woche und Klasse zur Verfügung.

Der Versuch wird teilweise wissenschaftlich begleitet[11]; die Versuchsschulen treffen sich regelmäßig zum Erfahrungsaustausch und werden durch Fortbildungsveranstaltungen unterstützt (vgl. CARLE, 2000, S. 235).

## Baden-Württemberg: Schulanfang auf neuen Wegen

Mit dem Schuljahr 1997/98 begann ein Modellversuch zur organisatorischen und pädagogischen Neugestaltung der Schuleingangsstufe unter dem Namen „Schulanfang auf neuen Wegen". Schulen können sich freiwillig für eine Teilnahme bewerben. Im Schuljahr 1998/99 waren bereits über 300 Schulen an dem Versuch beteiligt. Um für möglichst viele Kinder einen an

[11] Zur Auswertung bisher vorliegender Erfahrungen und Berichte der Modellschulen: s. U. Carle, 2000, S. 235–270.

ihren individuellen Lern- und Entwicklungsvoraussetzungen orientierten Schulanfang zu realisieren, wurden verschiedene organisatorische, pädagogische und didaktische Maßnahmen ergriffen: Flexibilisierung des Einschulungszeitpunktes, flexible Verweildauer in der Eingangsstufe, Einrichtung jahrgangsgemischter Lerngruppen, Praktizierung individualisierender Unterrichtsverfahren, gezielte Förderung lernschwacher und hochbegabter Kinder und die Rhythmisierung des Schultages.

Der Versuch wird in drei Modelltypen durchgeführt. Typ A ist der weitreichendste und bezieht auch schulorganisatorische Veränderungen mit ein. Eine jahrgangsübergreifende Eingangsstufe löst die Klassen 1 und 2 ab, in die alle Kinder ohne Zurückstellung aufgenommen werden. Die Verweildauer kann zwischen ein und drei Jahren betragen, je nach individueller Entwicklung. Kinder, die länger in der Eingangsstufe verbleiben, können dies tun ohne die Lerngruppe wechseln zu müssen. Einige Schulen des Modellversuchs A sehen zwei Einschulungstermine im Jahr vor: neben dem üblichen Herbsttermin noch einen weiteren im Februar. So kann auch die Einschulung dem individuellen Entwicklungsstand des Kindes angepasst werden. Weil eine derart gestaltete Eingangsstufe ein gleichschrittiges Vorgehen im Lernen unsinnig macht, ist die Weiterentwicklung und Erprobung didaktisch-methodischer Konzepte mit vorgesehen.

Das Modell B sieht eine enge Verzahnung der Grundschulförderklassen, der Schulvorbereitung für zurückgestellte Kinder, und dem 1. Schuljahr vor. Die Pädagogen beider Einrichtungen sollen eng kooperieren, indem sie gemeinsame Diagnose- und Förderpläne erstellen und die Übergangsregelungen zwischen beiden Einrichtungen flexibilisiert werden. So sollen Kinder aus Grundschulförderklassen je nach indivdiuellem Entwicklungsfortschritt auch während des Schuljahrs in die erste Klasse wechseln. Umgekehrt soll es Kindern des 1. Schuljahres möglich sein, zeitweise an den Fördermaßnahmen der Grundschulförderklasse teilzunehmen.

Die meisten Schulen erproben die Modellvariante C. Hier werden Maßnahmen zur Verbesserung der Einschulungspraxis und des Anfangsunterrichts erprobt. Vorgesehen ist eine intensive Kooperation zwischen Kindergarten und Grundschule, der Verzicht auf Zurückstellungen, die Einrichtung jahrgangsübergreifender Klassen, die Verstärkung förderdiagnostischer, indivdiualisierender und differenzierender Maßnahmen, die Weiterentwicklung der Schülerbeurteilung und die Verstärkung der Elternarbeit. Der Versuch wird wissenschaftlich begleitet (vgl. GÖTZ / NEUHAUS-SIEMON, 1999, S. 38f.).

## Berlin: Flexibilisierung des Schuleintritts und Individualisierung der Schulanfangsphase

In Berlin wurde mit dem Schuljahr 1998/99 ein umfangreiches Grundschulreformprogramm mit mehreren Teilbereichen gestartet, von denen zwei Teilbereiche die Veränderung des Schuleintritts und der Schulanfangsphase betreffen. Das Reformprogramm will die Anforderungen an die Grundschule aufgreifen, die durch eine veränderte Kindheit und gestiegene gesellschaftliche Erwartungen an die Schulen gestellt werden. Ziel ist ein kindgemäßer Schulanfang, der die Individualität und bisherigen Erfahrungen der Kinder achtet, Zurückstellungen vermeidet und den Kindern individuelle Lernzeiten und -zugänge ermöglicht.

Zur Schulanfangsphase gehören Vorklasse[12], erste und zweite Klasse, die als pädagogische Einheit zu betrachten sind.[13]

[12] In Berlin besuchen nicht nur zurückgestellte, sondern fast alle Kinder vor der Einschulung eine Vorklasse, die teils den Grundschulen, teils den Kindertagesstätten freier oder staatlicher Träger angegliedert sind und sich hinsichtlich ihrer Konzeptionen unterscheiden. Im Zusammenhang mit der Veränderung des Schulanfangs im Sinne einer pädagogischen Einheit von Vorklasse, erster und zweiter Klasse ist zunächst an die schulischen Vorklassen gedacht.

[13] Vgl. Die Senatorin für Schule, Jugend und Sport, I. Stahmer: März 1998.

Dafür wurde an allen Berliner Grundschulen die Stundentafel der ersten Klassen um drei Stunden erweitert ohne Veränderung des Rahmenplans. Daneben wurde ein Modellversuch „Verlässliche Halbtagsschule“ eingerichtet. Zur Einrichtung einer vollen Halbtagsschule mit verlässlichen Öffnungszeiten erhielten die Modellschulen in der Regel zwei Erzieher/-innen sowie auch für die zweiten Klassen eine um drei Stunden erweiterte Stundentafel. Die Schulen erhielten folgende Vorgaben oder Aufträge:

Um den individuellen Lernvoraussetzungen aller Kinder gerecht zu werden, sollten die Schulen

- Möglichkeiten einer alternativen Rhythmisierung des Schulvormittags erproben,
- die Kooperation und Teamarbeit zwischen Lehrer/-innen, Erzieher/-innen und Vorklassenleiter/-innen verstärken, um Binnendifferenzierung und Rhythmisierung zu begleiten und den Kindern verlässliche Beziehungen zu ermöglichen,
- den Kindern eine individuelle Verweildauer in der Schulanfangsphase ermöglichen und
- die Organisation jahrgangsübergreifender Lerngruppen erproben.

Bislang nehmen 45 Schulen an diesem Modellversuch teil, der wissenschaftlich begleitet wird (DREIER / KURCHARZ u. a., 2000). Der Versuch ist auf insgesamt vier Jahre angelegt.

Eine Flexibilisierung des Schuleintritts und Vermeidung von Zurückstellungen ist bisher erst in Ansätzen Bestandteil des Versuches, weil dafür noch die gesetzlichen Voraussetzungen fehlen. Dennoch dient die Umgestaltung der Schulanfangsphase der Vorbereitung darauf.

Um den unterschiedlichen Lernentwicklungen der Kinder Rechnung zu tragen und ihnen gleichzeitig Grundschule als sozialen Erfahrungsraum erlebbar zu machen, wurde in Berlin darüber hinaus der Modellversuch „Grundschule mit jahrgangsübergreifenden Lerngruppen“ im Schuljahr 1999/2000 eingerichtet. Er bietet den Schulen die Chance, die Vorteile von jahrgangsübergreifenden Lerngruppen über den Schulanfang hinaus auch in den weiteren Jahrgängen der Grundschule zu erproben.[14]

## Individualisierung der Schulanfangsphase: Perspektiven

An den Vorgaben zur Einrichtung aller vorgestellten Modellversuche wird deutlich, dass gesetzliche Regelungen allein nicht eine Veränderung der Schulanfangsphase bewirken. Sie schaffen jedoch die Voraussetzungen oder den Rahmen, innerhalb derer die einzelne Schule sich auf den Weg machen kann, um eine neue Konzeption für den Schulanfang zu entwickeln, die für ihre Bedingungen und ihre Schülerinnen und Schüler passend ist. Das stellt neue Anforderungen an die Lehrkräfte[15] und an die einzelnen Schulen als pädagogische Handlungseinheit.

Die Modellversuche zeichnen sich dadurch aus, dass sie die Heterogenität der Schulanfänger aufgreifen und nicht durch Maßnahmen wie Zurückstellung verringern, sondern gegebenenfalls sogar durch eine weitere Einschulung zum Halbjahr oder gar durch Einrichtung jahrgangsübergreifender Lerngruppen erhöhen wollen. Sie wenden sich damit von Bestrebungen ab, eine möglichst homogene Zusammensetzung einer Klasse hinsichtlich ihres Leistungsvermögens zu erzielen.

---

[14] Vgl. GEW: Grundschule mit jahrgangsübergreifenden Lerngruppen. In: blz extra 1/1999.

[15] FAUST-SIEHL benennt drei neue Aufgabenfelder: die Arbeit im Team, eine förderdiagnostische Kompetenz und die jahrgangsübergreifende Arbeit. (1998, In: BURK u. a. S. 135) Im Folgenden wird darauf zurückgegriffen, die Aufgabenfelder aber noch durch weitere ergänzt.

Begründungen dafür finden sich in zahlreichen empirischen Untersuchungen.[16] Sie belegen, dass der Anfangsunterricht seit Jahren mit Kindern zu tun hat, die sich in vielerlei Hinsicht unterscheiden: Sie differieren erheblich hinsichtlich ihrer sozioökonomischen und soziokulturellen Herkunft. Alter, Leistungsstand und -vermögen, Persönlichkeitsstruktur und geschlechtstypische Sozialisation unterscheiden sich ebenso wie die indivdiuellen Erlebnis- und Handlungsweisen der einzelnen Kinder.[17] Jede erste Klasse wiederum hat eine eigene Zusammensetzung von Kindern, die eine spezifische Vielfältigkeit hervorruft. Gleichzeitig lassen sich viele Gemeinsamkeiten in den Entwicklungsverläufen von Kindern erkennen. Dieses beides wahrzunehmen stellt sich als spezifische Aufgabe im Anfangsunterricht. „Welche Konzeption von Anfangsunterricht auch immer vertreten wird: Die Heterogenität der Erstklässler ist empirisch derart drastisch belegt, dass Pädagogik nicht umhinkommt, Antworten darauf zu entwickeln! Wer diese Forschungsergebnisse ignoriert und weiterhin Anfangsunterricht als gleichschrittigen Unterricht der homogen gedachten Schulklasse entwirft, geht an der Realität der Schülerinnen und Schüler vorbei." (PRENGEL, 1999, S. 29) In diesem Appell von ANNEDORE PRENGEL wird deutlich, dass die Herstellung leistungshomogener Lerngruppen gerade im Schulanfang zum Scheitern verurteilt ist und weder den Kindern noch den pädagogischen Bemühungen der Lehrerin oder dem schulischen Bildungsauftrag gerecht werden kann. Auch in diesem Zusammenhang ist von einem Paradigmenwechsel zu sprechen: Große Chancen liegen gerade in der heterogenen Zusammensetzung der Lerngruppe. Diese gilt es wahrzunehmen und zu nutzen.

16 Vgl. dazu den Überblick bei A. Prengel 1991, S. 21–28.

17 Vgl. PRENGEL 1999, S. 28. Bereits I. LICHTENSTEIN-ROTHER widmet in ihrem Standardwerk zum Schulanfang, das zum ersten Mal 1954 erschien, ein ganzes Kapitel der Unterschiedlichkeit der Schulanfänger (vgl. LICHTENSTEIN-ROTHER 1969, 7.Aufl., S. 9–17).

Für die Lehrer/-innen stellen sich folgende neue Aufgaben oder Anforderungen:

- Ziel- und wegedifferentes Vorgehen in einem Unterricht mit heterogen zusammengesetzten Lerngruppen. Dafür ist neben einer hohen Sachkompetenz auch eine hohe Methodenkompetenz erforderlich, um ausreichende Differenzierungsmöglichkeiten innerhalb der Lerngruppe anbieten zu können. In jahrgangsübergreifenden Lerngruppen bestehen diese Anforderungen in erhöhtem Maße.
- Förderdiagnostische Kompetenz, um die individuellen Lernvoraussetzungen der Kinder wahrnehmen und ihre je eigenen Lernfortschritte und -entwicklungen begleiten zu können.
- Effektive Kooperation und Teamarbeit mit verschiedenen pädagogischen Professionen: Lehrer/-innen, Erzieher/-innen, Vorschulerzieher/-innen, Sozialpädagogen/-innen Sonderpädagogen/-innen.
- Entwicklung und Evaluierung eines Konzepts, das die politischen Vorgaben auf die konkreten Bedingungen der eigenen Schule stimmig überträgt.

All diese Anforderungen sind nicht wirklich neu, sondern werden zumindest in der erziehungswissenschaftlichen Diskussion seit Jahren formuliert.[18] Sie stellen insgesamt einen wesentlichen Beitrag zur Professionalisierung der Lehrerinnen und Lehrer dar, indem sie die Eigenverantwortung und die verschiedenen Kompetenzen der Lehrkräfte stärken.

Rahmenbedingungen wie große Klassen, kleine und schlecht ausgestattete Klassenräume erschweren in erheblichem Maße das Ansinnen, eine Veränderung des Schulanfangs auf hohem Niveau bewerkstelligen zu können.

[18] Vgl. z.B. H.-G. ROLFF: Wandel durch Selbstorganisation. 1993; G. FAUST-SIEHL u. a.: Die Zukunft beginnt in der Grundschule 1996; D. KUCHARZ: Wieviel Staat braucht die Bildung, Frankfurt/M. 2000.

Für die Kinder bietet sich durch eine Flexibilisierung des Schuleintritts und Individualisierung der Schulanfangsphase die Chance, einen positiven schulischen Lernstart zu erleben. Auf diese Weise kann eher an die Voraussetzungen der einzelnen Kinder angeknüpft und ihre Entwicklungsmöglichkeiten und -schwierigkeiten individuell begleitet werden, ohne dass frühe Misserfolgserlebnisse der Entwicklung einer positiven Selbsteinschätzung hinsichtlich des eigenen Lern- und Leistungsvermögens im Wege stehen.

## Literatur

ARBEITSKREIS GRUNDSCHULE: Standpunkte zur Grundschulreform. Grundsatzprogramm des Grundschulverbandes, Frankfurt/M. 1994.

BARTMANN, THEODOR / ULONSKA, HERBERT (Hrsg.): Kinder in der Grundschule. Anthropologische Grundlagenforschung. Bad Heilbrunn 1996.

BRONFENBRENNER, URIE: Die Ökologie der menschlichen Entwicklung. Stuttgart 1981.

BURK, KARLHEINZ / FAUST-SIEHL, GABRIELE: Gesetzliche Grundlagen zum Schulanfang. In: H. BRÜGELMANN u. a.: Jahrbuch Grundschule, Frankfurt/M. 1999.

BURK, KARLHEINZ / MANGELSDORF, MAREI / SCHOELER, UDO u. a.: Die neue Schuleingangsstufe. Lernen und Lehren in entwicklungsheterogenen Gruppen. Weinheim / Basel 1998.

CARLE, URSULA: Was bewegt die Schule? Internationale Bilanz, praktische Erfahrungen, neue systemische Möglichkeiten für Schulreform, Lehrerbildung, Schulentwicklung und Qualitätssteigerung. Baltmannsweiler 2000.

SENATSVERWALTUNG FÜR SCHULE, JUGEND UND SPORT: Grundschulreform 2000. Neue Perspektiven für die Berliner Grundschule. Berlin 1998.

DREIER, ANNETTE / KUCHARZ, DIEMUT / RAMSEGER, JÖRG / SÖRENSEN, BERND: Erster Zwischenbericht der Wissenschaftlichen Begleitung zu den Teilbereichen „Veränderter Schulanfang“ und „Differenzierung und Profilbildung in den Klassen fünf und sechs“. Berlin: Arbeitsstelle Bildungsforschung Primarstufe, Hochschule der Künste 2000.

FAUST-SIEHL, GABRIELE / GARLICHS, ARIANE / RAMSEGER, JÖRG / SCHWARZ, HERMANN / WARM, UTE: Die Zukunft beginnt in der Grundschule. Empfehlungen zur Neugestaltung der Grundschule. Reinbek bei Hamburg 1996.

GEWERKSCHAFT ERZIEHUNG UND WISSENSCHAFT (Hrsg.): Grundschule mit jahrgangsübergreifenden Lerngruppen. In: Berliner Lehrerzeitung blz extra 1/1999.

GÖTZ, MARGARETE / NEUHAUS-SIEMON, ELISABETH: Schulanfang auf neuen Wegen – Der Modellversuch in Baden-Württemberg. In: H. BRÜGELMANN u. a. (Hrsg.): Jahrbuch Grundschule, Frankfurt/ M. 1999.

HAARMANN, DIETER (Hrsg.): Handbuch Grundschule. Allgemeine Didaktik: Voraussetzungen und Formen grundlegender Bildung Bd. 1, Weinheim / Basel 1991.

HACKER, HARTMUT: Vom Kindergarten zur Grundschule. Bad Heilbrunn 2. Aufl. 1998.

KERN, ARTHUR: Sitzenbleiberelend und Schulreife. Ein psychologisch-pädagogischer Beitrag zu einer inneren Reform der Grundschule. Freiburg 1951.

KNÖRZER, WOLFGANG / GRASS, KARL: Den Anfang der Schulzeit pädagogisch gestalten, Weinheim / Basel 5. Aufl. 2000.

KULTUSMINISTERKONFERENZ, Beschluss vom 19./20.Januar 1967: „Anrechnung der Zurückstellung vom Pflichtschulbesuch auf die Dauer der Schulpflicht“, Beschlusssammlung Nr. 825.1.

KULTUSMINISTERKONFERENZ, Beschluss vom 28.März 1968: „Vorzeitige Einschulung von noch nicht schulpflichtigen Kindern“, Beschlusssammlung Nr. 825.

LICHTENSTEIN-ROTHER, ILSE: Schulanfang. Pädagogik und Didaktik der ersten beiden Schuljahre. Frankfurt/M. u. a. 7. Aufl. 1969.

MADER, JOHANN: Schulkindergarten und Zurückstellung. Zur Bedeutung schulisch-ökologischer Bedingungen bei der Einschulung. Münster / New York 1989.

NICKEL, HORST: Die Einschulung als pädagogisch-psychologische Herausforderung. Schulreife aus ökologisch-systemischer Sicht – Kritisches Ereignis oder erfolgreicher Übergang. In: D. HAARMANN (Hrsg.): Handbuch Grundschule Bd. 1, S. 88–100.

NIEDERSÄCHSISCHER LANDTAG: Neustrukturierung des Schulanfangs. Schuleintritt und pädagogische Gestaltung der ersten beiden Schuljahre in Vollen Halbtagsschulen, Drucksache 13/1023, Hannover 1995.

PRENGEL, ANNEDORE: Vielfalt durch gute Ordnung im Anfangsunterricht. Opladen 1999.

RATH, NORBERT / EWERING, HILDEGARD (Hrsg.): Der Schulkindergarten. Arbeitsmodelle für eine Schnittstelle von Sozial- und Grundschulpädagogik. Münster / New York u. a.: 1997.

SEKRETARIAT DER STÄNDIGEN KONFERENZ DER KULTUSMINISTER DER LÄNDER: Empfehlungen zum Schulanfang. Beschluss der Kultusminiserkonferenz vom 24.10.1997.

KATRIN LIEBERS

# Flexibilisierung der Schuleingangsphase zur Optimierung des Schulanfangs für alle Kinder – Schulversuch FLEX

## Entstehung, aktuelle und historische Begründungen und Ziele von FLEX

Seit den 1990er-Jahren wurden eine zunehmende Heterogenität von Grundschülern und ein Ansteigen des Einschulungsalters in Deutschland beschrieben und bildungspolitisch problematisiert. Der Anteil verspätet eingeschulter Kinder pendelte sich je nach Bundesland zwischen 5–14 % ein. Gleichzeitig ging der Anteil frühzeitig eingeschulter Kinder von 6 % 1978 auf durchschnittlich 1–3 % 1990 zurück. Individuelle Entwicklungsdifferenzen von drei Lernjahren wurden bereits in der Schuleingangsphase zur Regel. Die *Kultusministerkonferenz* (KMK) reagierte auf diese Problemlage durch eine bundesweite Diskussion zur Neugestaltung des Schulanfangs. In ihren „Empfehlungen zum Schulanfang" vom 24.10.1997 hat die KMK Maßnahmen zur Reduktion des im internationalen Vergleich hohen durchschnittlichen Einschulungsalters der Kinder in Deutschland vorgeschlagen. Aus der Konsequenz der Umsetzung dieser Vorschläge ergibt sich ein erheblicher Innovationsbedarf für die Diagnostik, Differenzierung, Individualisierung und zielgruppenspezifische Förderung im Rahmen der Schuleingangsphase. Neben der Frage nach der Optimierung des Schulanfangs für alle Kinder stand die Frage nach der Gestaltung der pädagogischen Qualität des Schulanfangs, um den gestiegenen gesellschaftspolitischen Anforderungen an der Schule gerecht werden zu können.

In den einzelnen Bundesländern wurden die KMK-Empfehlungen mit zahlreichen Programmen zur Erneuerung des Schulanfangs umgesetzt. Das Modell der flexiblen Schuleingangsstufe spielt dabei eine wichtige Rolle. Inhaltliche Schwerpunkte, wie die Förderung von schneller und langsam lernenden Kindern, flexible Verweildauer, Prävention von Schulversagen, Erprobung von Jahrgangsmischung und Rhythmisierung sowie sonder- und sozialpädagogischer Förderung, aber auch Verzahnung mit Kindertagesstätten und Vorklassen finden sich in nahezu allen Schuleingangsstufenmodellen wieder, wenn auch in unterschiedlichen Zusammenstellungen und Schwerpunktsetzungen (vgl. hierzu Übersicht am Ende).

Das Land Brandenburg wählte die Einrichtung eines Schulversuches zur flexiblen Schuleingangsphase und die schulgesetzliche Verankerung der Erprobung als Weg, um die Erneuerung des Schulanfangs voran zu bringen. Dabei wurden in drei Versuchsetappen jeweils aufeinander aufbauend unterschiedliche Fragestellungen bearbeitet. Stand im ersten Pilotprojekt noch die Veränderung des Schulanfangs und die pädagogische Qualität im Mittelpunkt der Untersuchungen, verschieben sich die Untersuchungsschwerpunkte nach den überwiegend positiven Resultaten zum pädagogischen Modell hin zu Fragen der Förderung spezieller Fallgruppen und zur Systemsteuerung: Wie kann und muss das bislang erfolgreiche pädagogische Modell modifiziert werden, damit es unter den schulstrukturellen und demografischen Bedingungen des Landes Brandenburg als ein Angebotsmodell oder als flächendeckendes Modell umgesetzt werden kann. Aus mehreren erfolgreichen Innovationsvorhaben und Modellversuchen ist bekannt, dass diese nach der Entlassung aus dem Versuchsstatus unter den Bedingungen des pädagogischen Alltags abbrechen oder keine weitere Ausdehnung erfahren und damit versanden. Die dritte Etappe von FLEX, der Landesmodellversuch, soll dazu beitragen, dass die problematische Implementation von Modellversuchsergebnissen in den pädagogischen Alltag besser vorbereitet und selbst zum Erprobungsschwerpunkt wird.

## Übersicht über Etappen der Projektentwicklung

**Projekt „Kindgerechter flexibler Schulanfang“**

Laufzeit: 1992–1995 Orte: Grundschule Werneuchen und Grundschule Neuzittau

Erprobungsschwerpunkte: Veränderung des Schulanfangs, Tragfähigkeit des pädagogischen Modells, Leistungsentwicklung unter den Bedingungen der Jahrgangsmischung, Ergebnisse der Differenzierungsangebote und der Flexibilisierung, Elternakzeptanz, Lehrkräfteakzeptanz

**Schulversuch FLEX**

Laufzeit: 1999–2002 Orte: Grundschule Forst und Grundschule Spremberg

Erprobungsschwerpunkte: Zielgruppenspezifische Differenzierung für schneller und langsam lernende Kinder, Prävention und Kompetenztransfer, Vermeidung von Feststellungsverfahren sonderpädagogischen Förderbedarfs im Bereich Lernen, Sprache und Verhalten, Fortführung nach Jahrgangsstufe 3, Auswirkungen auf das Schulleben

**Schulversuch FLEX (Auswertung)**

Laufzeit: 2001–2003 Orte: 18 Grundschulen Brandenburgs

Erprobungsschwerpunkte: Ausweitung der Ergebnisse in Bezug auf schneller und langsam lernende Kinder. Was bedeutet FLEX für das System Schule – Beratungsstellen – Förderschulen – Schulämter? Wie kann FLEX als Angebotsmodell oder flächendeckendes Modell regionalbezogen realisiert werden?

Das traditionelle Einschulungsmodell und die damit verbundene Schulfähigkeitsdiagnostik können auf lange Traditionen zurückblicken. Bereits die Braunschweigische Schulordnung von 1528 benennt als Kriterium: „Wenn aber die Zeit kommt, dass sie beginnen vernünftig zu werden ... Dann ist es Zeit! Dann wird von uns gefordert, dass man sie belehren soll“ (zitiert nach KAMMERMEYER, 2000, S. 17). In der jüngeren deutschen Vergangenheit war für lange Zeit die entwicklungspsychologisch begründete Schulreifetheorie von ARTHUR KERN prägend. KERN (1951) fasste *Schulreife* als einen psychischen Meilenstein eines endogenen Reifeprozesses auf, der eng verbunden war mit physiologischen Reifungsschüben, wie beispielsweise dem Zahnwechsel. Dieser Meilenstein der Entwicklung, von dem ab ein erfolgreicher Schulbesuch möglich sei, würde von jedem Kind früher oder später erreicht. Generell plädierte er dafür, das Einschulungsalter heraufzusetzen, um eine Synchronisation von biologischem Alter und Schuleintritt zu ermöglichen. Aufbauend auf diesem Ansatz wurde das Einschulungsalter zweimal heraufgesetzt und ein „Grundleistungstest“ entwickelt, der sich vornehmlich auf die visuelle Gliederungsfähigkeit stützte. In den subjektiven Theorien von etlichen Lehrer/-innen, Erzieher/-innen und Eltern über den Schulanfang ist die Schulreifetheorie bis heute präsent.

Nach der Widerlegung wichtiger Punkte der Schulreifetheorie nahmen Konzepte der „Schulfähigkeit“ eine zentrale Position ein. Beruhten diese anfangs auf statisch-strukturellen Persönlichkeitskonzepten, weil sie von eher stabilen Eigenschaften und Fähigkeiten ausgingen, wurden später die Lernprozesse zur zentralen Dimension. Schulfähigkeitsdiagnostik diente nicht mehr vordergründig selektiven Zwecken, sondern der Klärung der Voraussetzungen um Lernziele zu erreichen, also letztlich der Optimierung von Lernen und Leistung. Eine Weiterentwicklung erfuhr der Ansatz der *Schulfähigkeit*, indem er von OERTER (1998) als Entwicklungsaufgabe beschrieben wurde: Basierend auf einer ökologischen Sichtweise wird

Schulfähigkeit als soziokulturell verbindliche Entwicklungsnorm betrachtet. Damit setzt eine Abkehr von einer allein individuumszentrierten Sicht auf Schulfähigkeit ein. Schulfähigkeit ist eher das, was die Umwelt vom Kind erwartet. Aus dieser Perspektive schlussfolgern FAUST-SIEHL u.a. (1996, S. 146): „Die Grundschule hat die Aufgabe, die 'Schulfähigkeit' ihrer Schüler mit den Kindern selbst zu erarbeiten". Deshalb sollten Kinder ohne Überprüfungsverfahren in die Schule aufgenommen werden. Wichtig sei eine lernprozessbegleitende Beobachtung im Anfangsunterricht, auf die notwendige Hilfen folgen. In der Folge wurde der Blick verstärkt auf das gesamte System Schule gelenkt und im ökopsychologischen Ansatz die Wechselwirkung der Teilsysteme Schule, Schüler, Ökologie und gesellschaftliche Situation von Nickel als „Sonderfall eines ökologischen Übergangs" beschrieben (NICKEL, 1988, S. 47). Darauf aufbauend wurde das Kieler Einschulungsverfahren entwickelt. Neuere Theorien beschreiben Schulfähigkeit als ein soziokulturelles Konstrukt. Schulfähigkeit wird als „gemeinsame subjektive Theorie über den Schulanfang von Personen in einem bestimmten Setting gesehen ... Sie beinhaltet ein Gewirr von nicht notwendigerweise konsistenten oder stabilen Ideen, die miteinander in Beziehung stehen und die von den Individuen in einem bestimmten Schulsprengel ... konstruiert, strukturiert und organisiert werden. Sie ist situationsspezifisch, muss im Kontext lokalgeschichtlicher, demografischer und erzieherischer Trends gesehen werden und hängt mit interpersonalen Beziehungen und Werten zusammen." (KAMMERMEYER, 2000, S. 26) Eine kritische Auseinandersetzung mit häufig verwendeten Verfahren zur Diagnostik der Schulfähigkeit und ein Konzept für eine umfassende Schuleintrittsdiagnostik kann bei BURGENER WOEFFRAY (1996) nachgelesen werden. Im Rahmen des vom Ministerium für Bildung, Jugend und Sport (MBJS) geförderten Pilotprojektes „Kindgerechter flexibler Schulanfang" wurde ein alternatives und reformpädagogisch begründetes Einschulungsmodell entwickelt und erprobt. Es wurde die Frage gestellt, wie die Schuleingangsphase gestaltet werden müsse, damit alle Kinder, unabhängig von ihren individuellen Voraussetzungen schulfähig seien und welche schulorganisatorischen und didaktisch-pädagogischen Konsequenzen gezogen werden müssten (WITZLACK, 1995 a). Folgende Parameter kennzeichneten das damalige Modell: Die erste und zweite Jahrgangsstufe wurden zu einer jahrgangsübergreifenden Eingangsstufe zusammengefasst, in der alle Kinder ohne Zurückstellung, Wiederholung und Ausschulung gemäß ihren individuellen Lernvoraussetzungen ein bis drei Jahre lernten. Das Lernen, Leben und Arbeiten in altersgemischten Gruppen machte eine Binnendifferenzierung zwingend erforderlich. Das soziale Lernen erhielt einen anderen Stellenwert. Didaktisch-methodische Aspekte der Reformpädagogik, die besonderen Eingang finden sollten, waren Freiwilligkeit, Ganzheitlichkeit, Beweglichkeit und Angstfreiheit (WITZLACK, 1995 a). Wichtige Ergebnisse bei diesem Pilotprojekt waren die positive Elternakzeptanz, die Befürwortung bei den Lehrkräften, die Ausstrahlung auf andere Schulen sowie die Leistungsentwicklung: „Die Ergebnisse sind eindeutig, die Lernleistungen der Schülerinnen und Schüler in den (jahrgangsgemischten, Anm. d. Verfasserin) Projektklassen sind insgesamt gleich oder wesentlich besser (Lesen) als in den traditionellen, jahrgangshomogenen Klassen“ (WITZLACK, 1995 b, S. 3).

Im abgelaufenen Pilotprojekt „Kindgerechter flexibler Schulanfang“ konnte das pädagogische Modell einer flexiblen Schuleingangstufe ausreichend evaluiert werden. Einige neuere Fragestellungen, die sich aus der Begabungsforschung, der sonderpädagogischen und Integrationsforschung und der demographischen Entwicklung ergaben, konnten zum damaligen Zeitpunkt weder konzeptionell noch in der Zielevaluation gegenständlich integriert werden. Unter Berücksichtigung dieser Fragestellungen musste die Einführung einer flexiblen Schuleingangsphase als strukturelles Merkmal konzeptionelle Eckpunkte aufweisen, die beträchtlich über das vergangene Projekt hinauswiesen und deren Tragfähigkeit sich in einem Neuversuch zu behaupten hatte (LAMBRICH, LIEBERS, SIEGER, 1997).

Der Ansatz für die Ausweitung von FLEX sollte das entwickelte Schuleingangsstufenmodell unter vier brandenburgspezifischen Problemen akzentuierter aufgreifen und bearbeiten:

- Die Anzahl der schneller lernenden Kinder, die eine individuelle Schulzeitverkürzung durch vorzeitige Einschulung oder das Überspringen von Klassen in Anspruch nehmen, ist in Brandenburg gering. Für 1998/99 wurden vom Ministerium für Bildung, Jugend und Sport insgesamt nur 16 „Springer“-Kinder für den Primarbereich ermittelt.
- Die Anzahl der Rückstellungen zum Schulanfang bleibt nahezu unverändert hoch. Im Land Brandenburg erhielten 1999 8,1 % der Kinder eine Rückstellungsempfehlung. Dabei schwanken die Zahlen von 5,1 % in einem Landkreis bis zu 11,6 % in einer größeren Stadt (Ministerium für Arbeit, Soziales, Gesundheit und Frauen (MASGF), 1999). Die Rückstellungen werden zumeist nicht durch flankierende Maßnahmen untersetzt, Vorschulen sind in Brandenburg strukturell nicht vorgesehen.
- Die hohe Zahl an Kindern, die von sonderpädagogischem Förderbedarf im Bereich des Lernens, der Sprache und des Verhaltens betroffen sind, vor allem die immer größer werdende Gruppe der Borderline-Kinder, benötigt eine qualitative Verbesserung der Lernsituation sowie eine Vermeidung frühzeitiger Stigmatisierung. Jeder zehnte Schulanfänger hat Förderbedarf im Sprechen. Hatten die Schulärzte 1994 noch bei 2,7 % der Einschüler ein Förderausschussverfahren eingeleitet, so lag die Anzahl 1998 bei 5,1 % Einschülern, bei denen infolge der Einschulungsuntersuchung ein Förderausschussverfahren beantragt wurde (MASGF, 1999).

- In Brandenburg lernen deutlich mehr Schülerinnen und Schüler an Allgemeinen Förderschulen (entspricht den Förderschulen für Lernbehinderte) als in zahlreichen anderen Bundesländern. Diese Zahl wird noch bedeutsamer, wenn man bedenkt, dass in den alten Bundesländern ausländische Schüler an den Förderschulen oft überrepräsentiert sind, in Brandenburg jedoch die Zahl ausländischer Kinder statistisch zu vernachlässigen ist. Während in Brandenburg 1998/99 3,9 % aller Schülerinnen und Schüler an Allgemeinen Förderschulen beschult werden, lernen beispielsweise in Hessen 1,4 %, in Bayern 1,1 %, im Saarland 1,3 % oder in Schleswig-Holstein 2,5 % aller Schülerinnen und Schüler mit deutscher Muttersprache an Schulen für Lernbehinderte (KORNMANN, 1999, S. 126).

Deutlich wird: Auf die drängenden Probleme der zunehmenden Heterogenität der Kinder und ihrer Erfahrungen muss Grundschule pädagogisch und strukturell reagieren. Benötigt werden veränderte Organisations- und Unterrichtsformen, die allen Kindern, sowohl schneller als auch langsamer lernenden, optimale Entwicklungschancen bieten.

Die Zeit der flexiblen Schuleintrittsphase soll die Rahmenbedingungen schaffen, dass alle Kinder ihre individuellen „Schulkarrieren“ sowie ihren Start in die Jahrgangsstufe 3 auf der Grundlage ihrer individuellen Entwicklungs- und Leistungsdisposition optimieren können. Unter den Aspekten eines lerntheoretisch strukturierten und altersgemischten Unterrichts sollen Kinder die Chancen wahrnehmen können, die sie einmalig in diesem Lebensabschnitt ihrer Lernzeit haben werden (LAMBRICH, LIEBERS, SIEGER, 1997).

Angesichts der Bedeutung dieser sensiblen Phase der Schuleingangsstufe für die generelle Leistungsentwicklung stellte sich für den Schul- und Modellversuch das Ziel, den Schulanfang für alle Kinder zu optimieren durch die Schaffung einer Organisationsform, in der die individuelle Kompetenzentwicklung in einen unterstützenden Sozialkontext eingebunden ist.

*Übersicht über Ziele der flexiblen Schuleingangsphase*

***Grundschulpädagogische Ziele***

- Kindgerechte flexible Schuleingangsstufe - flexible Verweildauer von 1-3 Jahren ohne Anrechnung auf Vollzeitschulpflicht, Offener Beginn, Rhythmisierung und Abkehr vom 45-Min.-Takt
- zielgruppenspezifische Förderung schneller und langsam lernender Kinder
- Steigerung der „Förderfähigkeit“ der Grundschule (Heterogenität als Prinzip - Lernen in altersgemischten Gruppen, Aufnahme aller Kinder ohne Zurückstellung sowie Unterstützung vorzeitiger Schulaufnahme)
- Vermeidung von Schulversagen, Stigmatisierung und „schulbedingte“ Lernbehinderungen infolge inadäquater Förderung.

**Realisierung der KMK-Empfehlungen von 1997 sowie der Empfehlungen des Grundschulverbandes**

Zielgruppenspezifische Förderung für schneller lernende Kinder

Prävention für Kinder mit Entwicklungsproblemen

Sonderpädagogischer Kompetenztransfer, keine Feststellungsverfahren

**Optimierung des Schulanfangs für alle Kinder durch Schaffung einer Organisationsform, in der die individuelle Kompetenzentwicklung in einen unterstützenden Sozialkontext eingebettet ist.**

***Sonderpädagogische Ziele***

- Unterstützende/subsidiäre Sonderpädagogik (Service/Hilfe kommt zum Kind, Sonderpädagoge nicht als Experte für die beste Förderung, sondern als Experte den Prozess zu moderieren, die beste Förderung herauszufinden)
- Förderdiagnostische Begleitung anstelle früher Selektion und aufwendiger Feststellungsverfahren, Ausbruch aus dem „Etikettierungs-Ressourcen-Dilemma“
- Kompetenztransfer - Entwicklung sonderpädagogischer "basics" in den FLEX-Klassen

**Realisierung der KMK-Empfehlungen von 1994 und des Paradigmenwechsels in der sonderpädagogischen Förderung**

## Qualitätsstandards für die pädagogische Gestaltung der flexiblen Schuleingangsphase

Konzepte für eine veränderte Schuleingangsphase und eine kindgerechte Grundschule liegen von zahlreichen Autorinnen und Autoren vor (WITZLACK, 1995 a; FAUST-SIEHL, 1995; FAUST-SIEHL / GARLICH / RAMSEGER / SCHWARZ / WARM, 1996; LAMBRICH, 1997). Prinzipien und Formen der Grundschularbeit und des Anfangsunterrichts sind ausreichend erprobt und veröffentlicht. Dennoch zeigen Erfahrungen und Untersuchungen aus der Praxis, dass Formen der Öffnung und Binnendifferenzierung recht unterschiedlich interpretiert werden und noch lange nicht so weit verbreitet sind, wie man angesichts der Literaturfülle glauben könnte. So veröffentlichte Brügelmann die Ergebnisse einer Studie, die nur für 5–35 % der Klassen an Grundschulen, je nach Härte der Kriterien, eine Öffnung des Unterrichts belegen (BRÜGELMANN, 1997).

Um die pädagogische Qualität des veränderten Schulanfangs zu unterstützen, wurden für die Einrichtung und Gestaltung der flexiblen Eingangsphase in Brandenburgischen Schulen folgende pädagogische *Standards* / Qualitätsbereiche verbindlich beschrieben:

- Es gibt je nach individueller Entwicklung der Kinder eine flexible Verweildauer von 1–3 Jahren in der Schuleingangsphase mit der Maßgabe einer zielgruppenspezifischen Förderung schneller und langsam lernender Kinder.
- Es sollen alle schulpflichtigen Kinder ohne Zurückstellung aufgenommen werden. Wiederholung und Ausschulung sind nicht vorgesehen. Es erfolgt eine Unterstützung der vorzeitigen Schulaufnahme ab 5 Jahren. Kinder, die individuell eine längere Lernzeit zum Durchlaufen der Schuleingangsphase benötigen, können diese ein drittes Jahr besuchen, es gibt keine Anrechnung eines dritten Schulbesuchsjahres auf die Vollzeitschulpflicht.

- Die Kinder lernen in jahrgangsübergreifenden Gruppen unter Ausgestaltung unterrichtsorganisatorischer Strukturen und didaktisch-methodischer Arrangements zum individuellen Kompetenzerwerb in einem unterstützenden sozialen Kontext. Prägend sind Prinzipien des offenen Unterrichts, der Sozialerziehung und eines rhythmisierten Tageslaufs mit festen Schulzeiten.
- Kindern mit vermutetem sonderpädagogischen Förderbedarf im Bereich der Sprache, des Verhaltens und des Lernens werden ohne Feststellungsverfahren aufgenommen und stattdessen förderdiagnostisch begleitet.
- Zur Realisierung der oben genannten Kriterien gibt es eine verbesserte Zusammenarbeit von Kindertagesstätten und Schulen im Vorfeld der Schulaufnahme.

Die Erfahrungen zu den Qualitätsbereichen der pädagogischen Arbeit in den FLEX-Klassen werden durch die Schulen dokumentiert und gemeinsam mit der wissenschaftlichen Begleitung weiter ausdifferenziert. Zum Ende des Versuchs werden sie zu einem Handbuch zusammengefasst.

## Rahmenbedingungen für die Umsetzung der Standards

In jeder FLEX-Klasse lernen durchschnittlich 25 Kinder. Neben der Klassenleiterin ist eine zweite Lehrerin für fünf Stunden in der Klasse. Lernen mehr als 25 Kinder in der Klasse, werden acht zusätzliche Lehrerstunden zugewiesen. Diese Stunden können für Teilung, zielgruppenspezifische Fördermaßnahmen oder Angebote verwendet werden. Im ersten Jahr des Bestehens der FLEX-Klasse wird die Klassenleiterin sieben Stunden durch eine Sonderpädagogin unterstützt. Im zweiten FLEX-Jahr erfolgt diese Unterstützung durch eine Sonderpädagogin in fünf Stunden. Bis zum dritten Jahr soll ein Kompetenztransfer stattgefunden haben, sodass keine Sonderpädagogin mehr ständig in der Klasse weilt. Bei Unterstützungsbedarf steht die sonderpädagogische Förder- und Beratungsstelle zur Verfügung. Die fünf Differenzierungsstunden für die zweite Grundschullehrerin bleiben bestehen[1].

Unterrichtsmodell für FLEX-Klassen in der Ausweitung

| | Struktur | Flexlehrerin (4,5 Unt.std. pro Tag)* | Teilungslehrer (1 Std. pro Tag) | Sonderpädagogin 1.Jahr (1,6 Std.) | 2.Jahr (1 Std.) |
|---|---|---|---|---|---|
| 07:30-07:50 | offener Schulbeginn | * | | | |
| 07:50-09:20 | 1. Lernblock | | | | |
| 09:20-09:40 | Pause | | | | |
| 09:40-11:10 | 2. Lernblock | | | | |

* 2,5 Unterrichtstunden pro Woche werden umgewandelt in 1,5 Zeitstunden: Daraus ergibt sich täglich pro Klasse der offene Unterrichtsbeginn von 20 Minuten.

Diese Rahmenbedingungen werden durch das Ministerium für Bildung, Jugend und Sport, durch die Staatlichen Schulämter und durch die Schulen gewährleistet. Die Leitung für den Landesmodellversuch ist dem Pädagogischen Landesinstitut Brandenburg angetragen worden. Durch die FLEX-AG werden Fortbildungen, Arbeitstagungen und Schulberatung organisiert. Die Universität Potsdam hat einen großen Teil der wissenschaftlichen Begleitung übernommen.

[1] Da dieses relativ starre Zuweisungsmodell oft von der Wirklichkeit abweicht, denn viele reelle Klassen sind infolge der demografisch unterschiedlichen Gegebenheiten viel kleiner oder manchmal auch größer, sollen im Modellversuch auch über flexible Anpassungsmodelle der Stundenzuweisung Aussagen getroffen werden.

## Erprobungsschwerpunkte in der flexiblen Schuleingangsphase

Erster Erprobungsschwerpunkt: Flexibilität der Verweildauer in den Jahrgangsstufen 1 und 2 und zielgruppen-spezifische Differenzierung, insbesondere für schneller lernende Kinder.

In der Realität gibt es weder altershomogene noch leistungshomogene Schulanfangsklassen. Bezüglich des Schuleintrittsalters gibt es bereits Differenzen von 2–3 Jahren. Wiederlegt sind auch die Vorstellungen von ähnlichen Leistungsvoraussetzungen bei Schulanfängern. Befunde ergaben, dass in einer Schulklasse im Anfangsunterricht Differenzen in den Leistungen von drei Schuljahren festgestellt werden können (RABENSTEIN / SCHORCH / TREINIES, 1989). Beispielsweise differieren die Voraussetzungen zum Schriftsprachenerwerb zum Schulanfang von Kindern, die bereits die meisten der noch nicht geübten Wörter fehlerfrei schreiben können bis hin zu Kindern, die keine Buchstaben oder Buchstaben ohne Lautbezug schreiben (BRÜGELMANN, 1990).

Die Idee verbindlicher altershomogener Leistungsfortschritte und entsprechender Normen und Leistungsanforderungen ist durch die Realität der heterogenen Grundschule längst zur Fiktion geworden. Stattdessen werden Konzepte benötigt, die den Anspruch an Differenzierung und Individualisierung einlösen. Ein solches Modell wird von PRENGEL (1999) u.a. durch den mehrperspektivischen Umgang mit Leistung und kindgerechten Förderplänen beschrieben. „Aus Befunden lässt sich ableiten, dass es ein dem vorherrschenden diametral entgegengesetztes System radikaler Individualisierung des Unterrichts wäre, das die individuellen Unterschiede, statt sie zu stabilisieren, teils optimieren, teils kompensieren, teils verflüssigen könnte. Nichts ist freilich schwieriger und voraussetzungsvoller als die Abkehr von den überlieferten Strategien des Klassenunterrichts“ (Edelstein, 1997, S. 479). Seine Empfehlung spricht für die Einführung eines entwicklungsdiagnostisch fundierten individualisierenden und differenzierenden Unterrichts.

Das FLEX-Modell versucht für diesen formulierten Anspruch eines entwicklungsdiagnostisch fundierten Unterrichtsmodells die Organisationsform des Lernens in jahrgangsübergreifenden Gruppen mit zielgruppenspezifischer Differenzierung zu Grunde zu legen. Das Modell des jahrgangsübergreifenden Lernens geht davon aus, dass es normal ist, dass Kinder verschiedene Lernbiografien aufweisen und verschieden lernen. Kinder können in FLEX-Klassen auf Grund der Differenzierungsangebote wie Lernen nach Tages- und Wochenplänen, Lernen in Werkstätten, Projekten und individualisierten Aufgabenstellungen in dem Tempo voranschreiten, dass sie benötigen, um ihre weitere Lernentwicklung in der Schule zu fundieren.

Im Ergebnis von FLEX soll dabei zu folgenden Fragen Stellung bezogen werden können:

- Was müssen Lehrer/-innen berücksichtigen, damit für alle Kinder unter den Bedingungen der Jahrgangsmischung entwicklungsförderndes fachliches und soziales Lernen möglich ist?
- Wie kann eine pädagogische Praxis realsiert werden, die Individualität, Selbstständigkeit und Gemeinsamkeit in sich vereint?
- Inwieweit erweisen sich die praktizierten Lernformen und Strukturen als geeignet, individuelle Kompetenzentwicklung in unterstützende Sozialkontexte einzubetten?

Die entscheidende Bedeutung der ersten beiden Schuljahre für die weitere Entwicklung der Kinder darf nicht außer Acht bleiben. Mehrere Untersuchungen ergaben, dass die Leistungshaltungen von Kindern bereits früh festgelegt werden und dass Schulleistungen in erstaunlich hohem Maße ab der zweiten Jahrgangsstufe stabil und bestimmend für die restliche Schulkarriere bleiben (GAMSJÄGER / SAUER, 1996).

In der Scholastik-Studie wurde die Erkenntnis gewonnen, dass es darüber hinaus eine lang anhaltende Stabilität der interindividuellen Differenzen gibt (HELMKE, 1997). Ähnliches gilt nach den Untersuchungen von Petillion auch für erworbene soziale Rollen, die für längere Zeit über den Anfangsunterricht hinaus beibehalten werden (PETILLION, 1993). „Somit entscheidet der gelungene oder misslungene Start in die systematisch organisierte Welt des Lernens und Leistens häufig über den weiteren Verlauf der Lernkarriere. Das bedeutet letztlich, dass die ersten Grundschuljahre von prägender Bedeutung sind, auch wenn in der autobiographischen Rückschau diese Zeit zunehmend in Vergessenheit gerät“ (HANY, 1998, S. 2).

Auf Grund der Literaturlage, die nur unzureichende Erfolge und wenige Argumente für Maßnahmen der äußeren Differenzierung in der Grundschule beschreibt, wird für die Förderung schneller lernender Kinder in der FLEX das Modell der leistungsdifferenzierten Förderung im heterogenen Klassenunterricht mit passfähigen Differenzierungsangeboten gewählt (vgl. HANY, 1998; URBAN, 1996). Ergänzend werden spezifische Zusatzangebote im Unterricht erprobt, wie die Arbeit mit dem PC und individuellen Aufgabenstellungen, die Anreicherung der Lernumgebung, die Nutzung von Lernwerkstätten im Sinne eines Enrichments.

Organisatorisch werden akzelerierende Maßnahmen wie frühzeitige Schulaufnahmen und ein Durchlaufen der flexiblen Schuleingangsphase in nur einem Jahr für schneller lernende Kinder unterstützt und pädagogisch sowie wissenschaftlich begleitet. Kinder, die beim Schuleintritt bereits über ausgeprägte Fähigkeiten und Fertigkeiten verfügen, können die Eingangsphase in einem Jahr durchlaufen. Dazu werden, nachdem den Lehrerinnen schneller lernende Kinder aufgefallen sind, spezielle Beobachtungsphasen durchgeführt und Förderpläne entwickelt, die ein individuelles Voranschreiten in Korrespondenz mit den Anforderungen des Rahmenplans ermöglichen sollen. Entscheidungskriterium ist, ob das Kind die verbindlichen Fähigkeiten, Fertigkeiten und Kenntnisse der Jahrgangsstufe 2 erworben hat, und keine nachteiligen Auswirkungen auf die weitere Entwicklung zu erwarten sind. Auf der Basis eines erweiterten Lernbegriffs sind alle Leistungen im inhaltlich-fachlichen, methodisch-strategischen, sozial-kommunikativen sowie selbsterfahrenden Lernen in die Entscheidung einzubeziehen.

Im Rahmen des FLEX-Schulversuches sollen dazu folgende Fragen beantwortet werden:

- Welche Diffenzierungsmodelle erweisen sich für schneller lernende Kinder unter FLEX-Bedingungen als besonders günstig?
- Welche Unterstützungsmaßnahmen werden nötig?
- Welche diagnostischen Verfahren sollen eingesetzt werden?
- Welche Kriterien können Entscheidungen über eine kürzere Verweildauer oder frühzeitige Aufnahme unterstützen?
- Wie sollte eine kürzere Verweildauer in der FLEX langfristig vorbereitet und nachbereitet werden?

*Flexibilisierung* bedeutet jedoch auch, für diejenigen Kinder, die individuell eine längere Lernzeit benötigen, eine zeitlich angemessene Lernzeit zur Verfügung zu stellen. Aus diesen Gründen wird Kindern bei Bedarf ein drittes Verweiljahr ermöglicht, welches nicht auf die Vollzeitschulpflicht angerechnet wird. Dieses dritte Verweiljahr ist nicht als Wiederholungsjahr aufzufassen, da Kinder eben nicht den „Stoff" der zweiten Jahrgangsstufe noch einmal wiederholen, sondern ihren individuellen Lernweg zur Erreichung der für die Jahrgangsstufe 2 verbindlichen Fähigkeiten, Fertigkeiten und Kenntnisse kontinuierlich fortsetzen. Lernen in jahrgangsübergreifenden Klassen ermöglicht dabei weitestgehend frühe Stigmatisierung zu vermeiden.

Die Möglichkeit der längeren Verweildauer soll den nachfolgenden Erprobungsschwerpunkt zur Prävention organisatorisch abfedern.

Zweiter Erprobungsschwerpunkt: Prävention für Kinder mit Entwicklungsproblemen.

Prävention für Kinder mit Entwicklungsproblemen soll in der flexiblen Schuleingangsstufe mit den beiden Schwerpunkten passfähige Lernangebote und Präventionsdiagnostik erfolgen.

Kinder mit Entwicklungsproblemen oder Störungen im Lernen und Leisten befinden sich schnell in pädagogischen, sozialen oder innerpsychischen Teufelskreisen. BREUNINGER beschreibt vier Stadien von Lernstörungen:

1. Stadium: „Ein Leistungsdefizit wird sichtbar.
2. Stadium: Der Schüler reagiert sozial und bildet sich lernhemmende Erklärungen für sein Versagen.
3. Stadium: erhebliche Lernlücken, Konzentrationsstörungen, Vermeidungsverhalten, Schul- und Versagensangst und Stress (Leistungsstörung),
4. Stadium: stabile negative Lernstruktur mit Misserfolgserwartung“ (BREUNINGER, 1999, S. 67–73).

Dass bereits Schulanfänger in diese Teufelskreise gelangen können, zeigt der eingangs zitierte Bericht von BRÜGELMANN. Er berichtete von Kindern, die zum Schulanfang keine Buchstaben oder nur Buchstaben ohne Lautbezug schrieben, und hielt gleichzeitig fest, dass auch diejenigen Kinder, die in ihrer Schreiberfahrung am meisten zurück waren, sich deutlich verbesserten. „Trotzdem blieben sie unterdurchschnittlich, erlebten sich also trotz ihrer Fortschritte immer wieder als vergleichsweise schlechte Schüler beziehungsweise Schülerinnen. Wir sehen darin eine (emotional-soziale) Ursache von Lernstörungen allgemein; ein zweiter Grund kann in der andauernden (kognitiven) Fehlanpassung des Unterrichts liegen, da die Differenzierung des Unterrichts – im Vergleich zu den beschriebenen Unterschieden – innerhalb eines sehr engen Rahmens bleibt." (BRÜGELMANN, 1990, S. 28)

Andauernde kognitive Fehlanpassung kann zu fatalen Folgen führen. „Schule selbst verursacht und verstärkt Lern- und Entwicklungsschwierigkeiten, wenn es ihr nicht gelingt, ihre Lern- und Lebenskultur so zu gestalten, dass Kinder gemäß ihrer Lernausgangslage individuell im sozialen Beziehungsgefüge einer Lerngruppe gefördert werden und von ihnen Identitätsstiftung im positiven Sinne erfahren wird" (SCHMETZ, 1999, S. 136). Genau hier soll jedoch der Ansatzpunkt für das FLEX-Modell liegen. Unterricht soll so passfähige Angebote für alle Kinder bieten, dass Lern- und Entwicklungsschwierigkeiten nach Möglichkeit nicht erst auftreten. Eine Basis für einen entwicklungsfördernden Unterricht ist WYGOTSKIS (1985) Zonenmodell der Entwicklung. Aufbauend auf der Zone der aktuellen Leistung wird bei zunehmender Selbstständigkeit und abnehmender Unterstützung und Anleitung durch den Lehrer die Zone der nächsten Entwicklung zum Ziel des Lernens. Damit Kinder jeweils die Aufgaben lösen, die für sie in ihrer Zone der nachfolgenden Leistung liegen, bedarf es einer lernprozessbegleitenden Diagnostik, die den Zusammenhang von Leistung, individuellen Besonderheiten und Lern- und Lebenssituation jeweils aktuell untersucht und interpretiert (LIEBERS, 1997). Für die lernprozessbegleitende Diagnostik im Unterricht werden im Rahmen der wissenschaftlichen Begleitung förderdiagnostische Materialien und Handreichungen entwickelt (MATTHES, 2000).

Die Auswahl passfähiger Angebote stellt höchste Anforderungen an die Lehrer/-innen. Die Auswahl geeigneter Lese- und Schreiblehrgänge unter präventiven Aspekten ist dafür ein Beispiel. Viele Befunde deuten darauf hin, dass für den Unterricht mit Kindern mit Lern- und Entwicklungsproblemen stärker strukturierten Lernangeboten der Vorzug zu geben ist. Im Abschlussbericht zum Modellversuch „Elementare Schriftkultur" wurde festgestellt: „Die interessanteste Frage ist, welche Klassen sich so enorm im Rechtschreiben vom 1. Schuljahr bis zum Ende des 2. Schuljahres verbessert haben. Das sind weder besonders kleine Klassen noch solche mit einem besonders niedrigen Ausländeranteil oder solche mit vielen oder wenigen ehemaligen Vorschulkindern. Der überwiegende Anteil dieser Klassen liegt vielmehr in schwachen Einzugsgebieten. Und in der ersten Klasse wurde in ihnen überwiegend nach Fibeln unterrichtet. – Es haben sich vor allem die Klassen im Rechtschreiben verbessert, die anfangs mit einer Fibel stark rechtschreiborientiert waren und dann innerhalb des Modellversuchs erstmalig freies Schreiben in ihren Unterricht integriert haben“ (HÜTTIS-GRAF / WIDMANN, 1996, S. 55). Dieser Befund wird auch durch den Hamburger Abschlussbericht zu den integrativen Regelklassen gestützt, der u. a. die Rolle des freien Schreibens und der Leselernkonzepte in sozialen Brennpunktschulen untersuchte und feststellte: „Die Didaktik des individualisierenden, eigenaktiven Lernens nach der Eigenzeit mag für Professorenkinder taugen, Kinder aus sozialen Brennpunkten können sich nach dieser Technologie, wenn sie nicht intuitiv korrigiert / erweitert wird, leicht selber aus den Schulkarrieren hinaussozialisieren, sie können nicht wissen, welche Sprech-, Lese-, Rechen- und Schreibrhythmen in der Gesellschaft gelten“ (WUDTKE, 1998, S. 224).

Diese Literaturbelege sollen keineswegs alte Diskussionen über Leselernmethoden neu beleben, sondern vielmehr die These stützen, dass nicht die Klasse einen, sondern jedes Kind seinen Lehrgang braucht. Während stärker strukturierte Erstleselehrgänge erfolgsverheißender für Kinder mit Entwicklungsproblemen erscheinen, benötigen andere, schneller lernende Kinder derselben Klasse diese strukturierten Lehrgänge nicht. Unter Präventionsaspekten wird sehr genau zu beobachten sein, wie innerhalb der vielen differenzierenden Angebote eines jahrgangsübergreifenden Unterrichts die Strukturiertheit der Lernangebote sowie die für den Lernerfolg wichtige Klarheit der Instruktionen und die geordnete Klassenführung umzusetzen ist (vgl. hierzu KORNADT, 1997).

Im FLEX-Schulversuch sollen unter präventiven Aspekten zu folgenden Fragen Antworten entwickelt werden:

- Welchen Beitrag leistet das präventive Modell zur Vermeidung von Lernversagen und Schulschwäche?
- Welchen präventiven Beitrag leistet das Modell der förderdiagnostischen Begleitung und des Kompetenztransfers?
- Welchen Beitrag leistet die Qualität der Sozialbeziehung zur Vermeidung von Lernversagen und Schulschwäche?

Dritter Erprobungsschwerpunkt: Vermeidung von Feststellungsverfahren bei lern-, verhaltens- und sprachauffälligen Kindern vor Jahrgangsstufe 3 und förderdiagnostische Begleitung.

Abweichend vom geltenden Schulrecht gibt es kein Feststellungsverfahren sonderpädagogischen Förderbedarfs für Schülerinnen und Schüler mit Beeinträchtigungen im schulischen Lernen, im Bereich der Sprache und im Bereich der emotionalen und sozialen Entwicklung, des Erlebens und Verhaltens[2]. Kinder mit vermutetem sonderpädagogischen Förderbedarf werden entsprechend förderdiagnostisch begleitet.

Förderdiagnostik, die sich selbst als eine pädagogische *Diagnostik* versteht, und die auf Entwicklungsaspekte, Biographien und Sozialisationshintergründe gerichtet ist, versucht eine qualitative Erfassung von Lernverhalten, Lernstrategien und speziellen Erziehungsbedürfnissen zu leisten. Gleichzeitig soll sie Möglichkeiten aufzeigen, durch unterrichtspraktische und gegebenenfalls flankierende, therapeutische und sozialpädagogische Maßnahmen einen entwicklungsfördernden Unterricht zu gestalten (LIEBERS, 1997).

[2] Sollen Kinder mit Sinnesschädigungen, Körper- und geistigen Behinderungen auf Wunsch der Eltern in die FLEX-Klassen eingeschult werden, gibt es zur Ermittlung der individuellen Förderbedarfe weiterhin Feststellungsverfahren gemäß den gesetzlichen Regelungen.

In der Praxis erschöpft sich „Förderdiagnostik" oft in der Erstellung von Gutachten für Schullaufbahnentscheidungen. Förderansätze werden zwar meistenteils vorgeschlagen, die Umsetzung steht jedoch auf einem anderen Blatt. Die in der Praxis mit Förderdiagnostik verbundenen Probleme finden in der These WOCKENs (1996) ihre Zuspitzung, dass Integration über Förderdiagnostik quasi Behinderung produziere, um eine ausreichende sächliche und personelle Ausstattung für integrativen Unterricht zu erhalten. Über das herkömmliche Feststellungsverfahren können Kinder erst nach dem Auftreten massiver Lernprobleme und erfolgloser Förderversuche durch die Grundschule sowie nach Abschluss des Feststellungsverfahrens mit zusätzlicher sonderpädagogischer Förderung unterstützt werden, nach den geltenden Messzahlen mit durchschnittlich 2 Stunden pro Kind. Abgesehen davon, dass in der Regel 1–2 Jahre in einer hochsensiblen Phase verstreichen, bis das Kind adäquate Hilfen erhält, führt das Feststellungsverfahren u. a. dazu, dass Kinder durchaus gut gemeint als behindert etikettiert werden, um für sie zusätzliche Fördermöglichkeiten zu erschließen.

Ähnlich dem Hamburger Modell der sonderpädagogischen Grundausstattung (WOCKEN, 1998) gibt es in der FLEX-Klasse pauschal eine Sonderpädagogin für förderdiagnostische Begleitung durch eine Sonderpädagogin mit 8 Stunden im ersten FLEX-Jahr und 5 Stunden im zweiten FLEX-Jahr. Die Ergebnisse der Begleitung sowie nächste Lernschritte werden in Förderplänen in vierteljährlichen Beratungen der Lehrkräfte, der Schulleitung, der Eltern und gegebenenfalls unter Einbeziehung der Kinder fixiert und überprüft. Zusätzlich begründete sächliche, räumliche u. a. Ausstattung kann von diesem Gremium beim Schulamt beantragt werden. Förderdiagnostik kann so ihrer administrativen Funktion zur Ressourcenverteilung entbunden werden und sich in der FLEX darauf konzentrieren, Kinder förderdiagnostisch zu begleiten und pädagogische Ideen zu entwickeln.

Für den Abschlussbericht sind dabei folgende Fragen näher zu untersuchen:

- Wie kann durch Grund- und Sonderschullehrer/-innen unterrichtsimmanente förderdiagnostische Begleitung realisiert werden?
- Welche Rolle spielen dabei Ansätze einer struktur- und niveauorientierten Diagnostik und einer systemischen Diagnostik?
- Welche lerntheoretischen Modelle für strukturierte Lernsituationen können Lehrer/-innen insbesondere für die Förderung von Kindern mit Lern- und Entwicklungsproblemen einsetzen?

Vierter Erprobungsschwerpunkt: Kompetenztransfer zwischen Grundschul- und Förderschullehrkräften sowie Lehrerkooperation.

Der bereits beschriebene Einsatz von Sonderpädagog/-innen erfolgt zur Gewährleistung eines sonderpädagogischen Kompetenztransfers in die integrierte Eingangsphase. Ziel ist eine Kompetenzerweiterung im Sinne sonderpädagogischer „basics“ für Lehrkräfte an Grundschulen, sodass diese nach 3 Jahren FLEX bei Bedarf mit punktueller Beratung durch die regionalen Sonderpädagogischen Förder- und Beratungsstellen weiterarbeiten können. Kompetenzmodelle spielen in der Auseinandersetzung mit den Anforderungen an Unternehmen und Arbeitnehmer seit längerem eine Rolle und beschäftigen auch „Non-Profit-Organisationen“ zunehmend. In komplexen und dynamischen Systemen etabliert sich zunehmend ein Wandel von der klassischen Fort- und Weiterbildung hin zur Kompetenzentwicklung. Kompetenzen werden dabei als individuelle psychische, soziale, kooperative und kommunikative Voraussetzungen aufgefasst, die gemeinsam mit dem individuellen Willen und den individuellen Werten im Handeln verwirklicht werden. Kompetenzentwicklung, die als Interiorisation von *Kompetenzen* erfolgt, vollzieht sich vorwiegend im Selbstlernprozess der Arbeit und entzieht sich frontaler oder direktiver Schulung (HEYSE / ERPENBECK, 1997).

Berufliche Handlungskompetenz wird allgemein als Integration von Fachkompetenz, Methodenkompetenz, Sozialkompetenz und personaler Kompetenz aufgefasst. Als Komponenten jeder Kompetenz gelten:

- die Verfügbarkeit von Wissen
- die selektive Bewertung von Wissen
- die Einordnung des Wissens in umfassende Wertbezüge
- die Interpolationsfähigkeit, um über Wissenslücken und Nichtwissen hinweg zu Handlungsentscheidungen zu gelangen
- die Handlungsorientierung, der gemäß alles Wissen, Werten und Interpolieren letztlich auf unternehmerisches Handeln oder Handeln im Unternehmen orientiert ist
- die Handlungsfähigkeit als Zielpunkt aller Kompetenzentwicklung, die eine erfolgreiche Auseinandersetzung des Individuums mit seiner Umwelt, ihren Anforderungen, Aufgaben und Problemen ermöglicht
- die Integration all dessen zur kompetenten Persönlichkeit
- die soziale Bestätigung personaler Kompetenz im Rahmen von Kommunikationsprozessen als sozialfunktional sinnvolle, aktualisierbare Handlungsdisposition (vgl. HEYSE / ERPENBECK, 1997, S. 52).

Dass dieser Kompetenzansatz über die Arbeitspsychologie hinaus wirksam geworden ist, zeigt sich u. a. darin, dass er eine Basis für das neue Rahmenlehrplanmodell in Brandenburg darstellt. Insofern erscheint es legitim, auch Qualifikationserwartungen an Lehrerinnen und Lehrer vor diesem Modell zu betrachten. Konkret sind in Hinsicht auf einen sonderpädagogischen Kompetenztransfer folgende Punkte zu diskutieren und zu beantworten:

- Qualifikation der Fachkompetenz, wie Breite und Tiefe des sonderpädagogischen Wissens, Verknüpfung mit anderen Wissensdomänen und angrenzenden Bereichen wie Entwicklungspsychologie, Medizin, therapeutischen Ansätzen, aber auch Ethik etc.:

- Welche spezifischen fachwissenschaftlichen Kenntnisse können oder sollten auf welchem Niveau (konkrethandlungsorientiert oder abstrakt) erworben werden?
- Welche Anwendungserfahrungen gibt es hinsichtlich dieses Fachwissens im Unterricht?
- Welche Verknüpfungen von sonderpädagogischem Wissen und allgemeinem Unterrichtswissen sollten erfolgen?

- Qualifikation der Methodenkompetenz, wie die Beherrschung von Techniken und Methoden der förderdiagnostischen Begleitung und der Entwicklung passfähiger Lernangebote sowie die Durchführung spezieller Fördermethoden:
  - Welche förderdiagnostischen Verfahren und Instrumente sollten oder können sicher erworben und angewendet werden?
  - Wie erfolgt die Gestaltung entwicklungs- und lernfördernder Lernsituationen für Kinder mit Beeinträchtigungen im Lernen, der Sprache und im Verhalten im Rahmen der Binnendifferenzierung? Welche speziellen lerntheoretisch begründeten Lernangebote können gemacht werden?
- Qualifikation der Sozialkompetenz, wie in wechselnden pädagogischen / sonderpädagogischen Arbeitsfeldern mit weiteren Lehrerinnen in der Klasse, mit Kindern, Eltern und Vertretern anderer Berufsgruppen zielorientiert und erfolgreich zu arbeiten:
  - Welche der nachfolgend angeführten Fähigkeiten im Umgang mit anderen sind für die Ziele der Prävention und zielgruppenspezifischen Förderung besonders bedeutsam („Kooperationsfähigkeit, Kommunikationsfähigkeit, Integrationsfähigkeit, Kompromissfähigkeit,

Toleranz, Achtung vor anderen, Bindungsfähigkeit, Partnerschaft, Solidarität, Offenheit, Transparenz, Fairness, Einfühlungsvermögen“, HEYSE / ERPENBECK, 1997, S. 58)
  - Gibt es bedingt durch die veränderten Tätigkeitsanforderungen erforderliche neue Fähigkeiten im Umgang mit sich selbst, z.B. hinsichtlich Konfliktfähigkeit, Frustrationstoleranz, Ambiguitätstoleranz oder Rollendistanz?
- Qualifikation personaler Kompetenz, die sich auf die Gesamtheit der verhaltensrelevanten individuellen Merkmale und Dispositionen beziehen, wie Selbstkonzept, Selbstwahrnehmung, Selbstdisziplin, Antrieb und Übersicht, motivieren und initiieren den Erwerb sonderpädagogischer Kompetenzen und beeinflussen das konkrete Verhalten in sonderpädagogischen Arbeitsfeldern. Wegen der sehr engen Bindung an die individuellen Dispositionen werden sie zunächst zurückgestellt.

Für die Lehrerkooperation ergeben sich neue Fragestellungen, die aus dem Ansatz des Kompetenztransfers resultieren. Kinder mit Auffälligkeiten im Lern-, Leistungs- und Verhaltensbereich sind auf strukturierte Lernsituationen angewiesen. In einer diesbezüglichen Diagnostik liegt eine Aufgabe für Lehrkräfte mit sonderpädagogischer Kompetenz im FLEX-Projekt. Unterrichtsimmanente Diagnostik ist nur durch tägliches Beobachten und Dokumentieren der in der Klasse tätigen Lehrer/-innen zu realisieren. Für die Auswahl geeigneter Orientierungshilfen, in Frage kommender methodischer Modifikationen sowie regelmäßiger Fallbesprechungen und Überprüfung der Maßnahmen ist Kooperation von Grund- und Sonderschullehrer/-innen unerlässlich (vgl. auch SCHÖLER, 1997). Mehr noch als für die Durchführung eines speziellen Unterrichtsangebotes etwa durch punktuelle Einzelförderung für betroffene Schüler, sollten sich die Sonderschullehrer/-innen vor allem für die Beratung und Unterstützung der Lehrer/-innen in der Klasse zuständig fühlen. Sonderpädagogen/-innen haben dabei zunehmend Aufgaben einer systembezogenen Service-Leistung zu erbringen, wie sie WOCKEN und REISER vorschlagen. Die Sonderpädagogin bleibt nicht länger nur die Expertin für eine adäquate Förderung, sie wird zunehmend „die Expertin für die Moderierung des Prozesses, die bestmögliche Förderung herauszufinden und zu arrangieren“ (REISER, 1998, S. 52). Inwieweit und in welchen Konstellationen dieses gelingt, wird der Versuch zeigen.

| **Bundesland** | **Thüringen** | **Sachsen-Anhalt** | **Brandenburg** |
|---|---|---|---|
| **Name des Projektes** | Neugestaltung der Schuleingangsphase | Flexible Eingangsstufe an Grundschulen | FLEX: Optimierung des Schulanfangs ... |
| **Status des Projektes** | Schulversuch | Gesetzentwurf und Runderlass vom 20.01.00 | Schulversuch |
| **Beginn** | 1998/99 | 2000/2001 | 1999/2001 |
| **Anzahl der Schulen** | 23 | 15/ 40 Schulen | 2/ 10 Schulen |
| **Begleitung** | Thillm, Universität Jena begleitet 5 Schulen wiss. | Fortbildung reg. Schulämter Uni Halle 3 Schulen 99/00 | PLIB, Uni Potsdam begleitet diese |
| **Inhaltliche Schwerpunkte** | Schwerpunkte:<br>• Aufnahme aller schulpflichtigen Kinder, auch der mit sonderpädagogischem Förderbedarf<br>• Variable Verweildauer von ein bis drei Jahren<br>• Lernen in altersgemischten Klassen<br>• Überprüfung des Ansatzes der Diagnose- und Förderklassen | z.Z. nur als Interviewtext nachlesbar:<br>• flexible Verweildauer von ein bis drei Jahren<br>• Bildung jahrgangsübergreifender Klassen<br>• Förderung von schneller und langsam lernenden Kindern<br>Jede Schule soll sich mit ihrem eigenen Konzept bewerben, die sonderpädagogische Förderung und Prävention können Schwerpunkt sein. | Erprobungsschwerpunkte:<br>• Flexibiltät der Verweildauer von 1-3 Jahren, zielgruppenspezifische Differenzierung, insbesondere für schneller lernende Kinder,<br>• Prävention für Kinder mit Entwicklungsproblemen,<br>• Kompetenztransfer zwischen Grund- und Förderschullehrkräften,<br>• Vermeidung von Förderausschussverfahren bei lern-, verhaltens- und sprachauffälligen Kindern, förderdiagnostische Begleitung |

| **Bundesland** | **Baden-Württemberg** | **Nordrhein-Westfalen** | **Berlin** | **(Wien)** |
|---|---|---|---|---|
| **Name des Projektes** | Schulanfang auf neuen Wegen | Förderung innovativer Lernkultur in der Schuleingangsphase | Verlässliche Halbtagsgrundschule, Teilbereich Veränderter Schulanfang | SV Schuleingangsbereich |
| **Status des Projektes** | Projekt / Erprobung | BLK-Modellversuch | Schulversuch des Landes Berlin | Schulversuch |
| **Beginn** | 1997/98 | 1999/00 | seit 1998/99 | seit 1998 |
| **Anzahl der Grundschulen** | über 100 Schulen | 7 Modellschulen mit je 3 Schulen im Netzwerk | alle Schulen des Landes | alle Schulen der Stadt |
| **Begleitung** | LEUS, regionale Universitäten | nicht genannt | HdK begleitet 45 Schulen wissenschaftlich | |
| **Inhaltliche Schwerpunkte** | 3 unterschiedliche Modelle mit den Zielen:<br>• Flexibilisierung des Einschulungszeitpunktes<br>• Flexibilisierung der Verweildauer<br>• Berücksichtigung individueller Lernfortschritte<br>• Förderung lernschwacher sowie hoch begabter Kinder<br>Insbesondere Modell C erprobt die Individualisierung und Differenzierung mit Förderdiagnosen und Förderplänen | Zielsetzungen:<br>• Umfassende Förderung **aller** Kinder unter Berücksichtigung ihrer individuellen Voraussetzungen<br>• Flexibilisierung der Schuleingangsphase bei individueller Verweildauer<br>• Verbesserung der Zusammenarbeit mit Eltern und Institutionen.<br>Unter dem Aspekt der Entwicklung systematischer Lernwegbeobachtungen geht es um die Einbeziehung förderdiagnostischer Hilfen und Kompetenzen. | Ziele im Teilbereich Flexibilisierung Schuleintritt, die von einzelnen Schulen realisiert werden:<br>• Aufnahme aller schulpflichtigen Kinder<br>• frühzeitige Schulaufnahme<br>• rechtzeitige Förderung langsam und schneller lernender Schüler und Schüler mit anderer Muttersprache<br>• Prävention von Lernversagen und Lernschwierigkeiten<br>Teilbereich Individualisierung des Schulanfangs:<br>• Anstreben verkürzter/ verlängerter Lernzeit | Alle Kinder sollen gemäß ihren individuellen Fähigkeiten und Fertigkeiten gefördert werden. Dafür werden unterschiedliche Modelle erprobt.<br>Das Teilprojekt „Selektionsfreie klassenübergreifende Schuleingangsphase“ an 10 Schulen und das Teilprojekt „Selektionsfreie klassenbezogene Schuleingangsstufe“ an 30 Schulen sind insbesondere auf integrative Kompensation von Defiziten und Prävention von Versagen gerichtet. |

# Literatur

BREUNINGER, H.: Teufelskreise. Lerntherapeutisches Kompendium. Eigenverlag 1999.

BRÜGELMANN, H. / BALHORN, H. (Hrsg.): Das Gehirn, sein Alfabet und andere Geschichten. Konstanz 1990.

BRÜGELMANN, H.: Öffnung des Unterrichts. Schlagwort oder längst Alltag? In: SchulVerwaltung 4/97, 1997, S. 99–101.

BURGENER WOEFFRAY, A.: Grundlagen der Schuleintrittsdiagnostik. Kritik traditioneller Verfahren und Entwurf eines umfassenden Konzepts. Bern 1996.

EDELSTEIN, W.: Theoretischer Ertrag und praktischer Nutzen der SCHOLASTIK-Studie zur Entwicklung im Grundschulalter: Kommentar. In: WEINERT, F., HELMKE A.(1997): Entwicklung im Grundschulalter. Weinheim.

FAUST-SIEHL, G.: Schulfähigkeit, Zurückstellung und Integrativer Schulanfang. In: Die Grundschulzeitschrift 85/1995, S. 26–31.

FAUST-SIEHL, G. / GARLICHS, A. / RAMSEGER, J. / SCHWARZ, H. / WARM, U.: Die Zukunft beginnt in der Grundschule. Empfehlungen zur Neugestaltung der Primarstufe. Reinbek bei Hamburg 1996.

GAMSJÄGER, E. / SAUER, J.: Determinanten der Grundschulleistung und ihr prognostischer Wert für den Sekundarschulerfolg. Psychologie in Erziehung und Unterricht 43, 1996, S. 182–204.

HANYS, E.: Begabtenförderung in der Grundschule: Theoretische Konzepte – praktische Maßnahmen. 1998. Internettext www.mpipf-muenchen.mpg.de/~hany/eh.

HÜTTIS-GRAF, P. / WIDMANN, B.-A.: Elementare Schriftkultur als Prävention von Lese-/ Rechtschreibschwierigkeiten und Analphabetismus bei Grundschulkindern. Hamburg 1996.

HEYSE, V. / ERPENBECK, J.: Der Sprung über die Kompetenzbarriere. Kommunikation, selbstorganisiertes Lernen und Kompetenzentwicklung von und in Unternehmen. Bielefeld 1997.

KAMMERMEYER, G.: Schulfähigkeit. Kriterien und diagnostische / prognostische Kompetenz von Lehrerinnen, Lehrern und Erzieherinnen. Bad Heilbrunn 2000.

KERN, A.: Sitzenbleiberelend und Schulreife. Ein psychologischer Beitrag zu einer inneren Reform der Grundschule. Freiburg 1951.

KORNADT, H.-J.: Theoretischer Ertrag und praktischer Nutzen der SCHOLASTIK-Sudie zur Entwicklung im Grundschulalter: Kommentar. In: WEINERT, F., HELMKE A.: Entwicklung im Grundschulalter. Weinheim 1997.

KORNMANN R.: Zur Überrepräsentation von ausländischen Kindern und Jugendlichen in Schulen für Lernbehinderte. In: ZfH 50, 1999, S. 108.

KMK: Empfehlungen zum Schulanfang. In: KMK. Erg.-Lfg. 92. November 1998. 1997.

LAMBRICH, H.J. / LIEBERS, K. / SIEGER, K.: Landesmodellversuch „FLEX“ – Optimierung des Schulanfangs. Unveröffentlichtes Arbeitspapier. Ludwigsfelde 1997.

LAMBRICH, H.J.: Die Eingangsstufe als „Caring Community“ und das altersgemischte Lernen. In: Grundschulzeitschrift 104/1997, S. 58.

LIEBERS, K.: Förderdiagnostik und individuelle Förderung in der Flexiblen Eingangsstufe. In: Grundschulzeitschrift 104/1997, S. 64.

MATTHES, G.: Förderdiagnostik und Förderplanung – Ein Modell. 2000. Unveröffentlichtes Arbeitspapier.

MINISTERIUM FÜR ARBEIT, SOZIALES, GESUNDHEIT UND FRAUEN: Einschüler in Brandenburg: Soziale Lage und Gesundheit. Potsdam 1999.

OERTER, R.: Kindheit. In: MONTADA L., OERTER, R.: Entwicklungspsychologie. Weinheim 1998.

NICKEL, H.: Die Schulreife – Kriterien und Anhaltspunkte für Schuleingangsdiagnostik und Einschulungsberatung. Frankfurt 1988.

PETILLON, H.: Das Sozialleben des Schulanfängers. Die Schule aus der Sicht des Kindes. Weinheim 1993.

RABENSTEIN, R. / SCHORCH, G. / TREINIES, G.: Leistungsunterschiede im Anfangsunterricht. Nürnberg 1989.

PRENGEL, A.: Vielfalt durch gute Ordnung im Anfangsunterricht. Opladen 1999.

REISER, H.: Sonderpädaogik als Service-Leistung? Perspektiven der sonderpädagogischen Berufsrolle. Zur Professionalisierung der Hilfsschul- bzw. Sonderschullehrerinnen. In: ZfH, 49, 1998, S. 46–54.

SCHMETZ, D.: Förderschwerpunkt Lernen. In: ZfH 50, 1999, S. 136.

SCHÖLER, J.: Leitfaden zur Kooperation von Lehrerinnen und Lehrern nicht nur in Integrationsklassen. Heinsberg 1997.

URBAN, K. K.: Methodisch-didaktische Möglichkeiten der (integrativen) schulischen Förderung von besonders begabten Kindern. 1996.

Internettext: www.erz.uni-hannover.de/~urban/beisp2.htm.

WITZLACK, G.: Forschungsbericht zum Projekt in Neu Zittau und Werneuchen zur flexiblen kindgemäßen Schuleingangsstufe. Unveröffentlichter Forschungsbericht. Berlin 1995a.

WITZLACK, G.: Forschungsbericht 1995 „Flexible kindgemäße Schuleingangsstufe“ Schulversuch in Neu Zittau und Werneuchen. Unveröffentlichter Forschungsbericht. Berlin 1995b.

WOCKEN, H.: Sonderpädagogischer Förderbedarf als systemischer Begriff. Sonderpädagogik Heft 1, 1996.

WUDTKE, H.: Leistungsbereich: Deutsch. In: Hinz, A. / KATZENBACH D. / RAUER, W. / SCHUCK, K.D. / WOCKEN, H. / WUDTKE H.: Die Entwicklung der Kinder in der Integrativen Grundschule. Hamburg 1998.

WYGOTSKI, L.S.: Ausgewählte Schriften I/II. Berlin 1985/87.

ELVIRA WALDMANN

# Kleine Grundschule und jahrgangsübergreifender Unterricht – ein tragfähiger pädagogischer Ansatz?

## Kleine Grundschule – bildungspolitische Aufgabe

Die in der Überschrift aufgeworfene Frage wird auch heute noch in der breiten Öffentlichkeit unterschiedlich beantwortet. Das Kernstück des Unterrichts in Kleinen Grundschulen sind jahrgangsübergreifende Lernsituationen. Dieser Unterricht gilt in der öffentlichen Meinung gemeinhin als rückständig und aus der Not geringer Schülerzahlen in ländlichen Regionen geboren. Er ist verbunden mit den Vorstellungen einer Zwergenschule aus vergangenen Jahrzehnten. In anderen Ländern Europas sind Kleine Grundschulen ein selbstverständlicher Teil der Schullandschaften, in Deutschland bilden sie eher ein bildungspolitisches Novum, für das wissenschaftlich erfasste und aufbereitete Erfahrungen weitestgehend fehlen (FICKERMANN u. a., 1998). Im deutschen Schulsystem bilden kleine Grundschulen, die etwa zwei Prozent der Schulen ausmachen, eine Randerscheinung. Gegenwärtig ist das Thema aber zu einem wichtigen bildungspolitischen Thema vor dem Hintergrund der demographischen Entwicklung in den neuen Bundesländern geworden. Brandenburg hat sich für den Erhalt einer wohnortnahen Grundschule in ländlichen Regionen mit jahrgangsübergreifenden Lerngruppen ausgesprochen. Die Entwicklung und Erprobung der Qualität Kleiner Grundschulen wird durch ein Modellprojekt wissenschaftlich begleitet und abgesichert. Initiiert vom Ministerium für Bildung, Jugend und Sport des Landes Brandenburg wurde dieses Vorhaben als dreijähriger BLK-Modellversuch (BLK =

Bund-Länder-Kommission für Bildungsplanung und Forschungsförderung) durchgeführt und anschließend in einem Landesmodellversuch fortgesetzt (KNAUF, 1999). Abschließende Ergebnisse aus diesem sechsjährigen Entwicklungsprojekt zur inhaltlichen Ausgestaltung der sechsjährigen Grundschule, das am Pädagogischen Landesinstitut Brandenburg durchgeführt wird, werden im September 2001 vorliegen.

Der Gesetzgeber hat im Brandenburgischen Schulgesetz vom 12. April 1996 die Möglichkeit geregelt, Schulstandorte als „Kleine Grundschule" fortzuführen und somit ein wohnortnahes Schulangebot zu realisieren. Diese Fortführung muss vom Schulträger beantragt werden und setzt voraus, dass eine andere Schule nicht zumutbar zu erreichen ist (es wird von etwa 30 Minuten Schulweg ausgegangen) und die Schülerzahlen mindestens drei aufsteigende Klassen ermöglichen. Damit ist eine Altersmischung von jeweils zwei Jahrgängen angestrebt, wobei eine altersgemischte Lerngruppe mindestens 15 Schülerinnen und Schüler umfassen muss. Zu den Rahmenbedingungen gehört auch, dass jahrgangsübergreifende Lerngruppen mit zusätzlichen 30 bis 50 Prozent Unterrichtsstunden ausgestattet werden und durch etwa fünf Lehrkräfte ein Anregungspotenzial an den Schulen erhalten bleiben soll.

Vor Beginn des Modellversuchs wurden acht Grundschulen in einer Vorphase durch Schulbesuche und daraus resultierende Schulberichte ausgewählt, wobei die regionale Lage für ein zukünftiges Unterstützungssystem für etwa 60 Kleine Grundschulen ein weiteres Kriterium war. Von Anfang an wurde ein Netzwerk von Modellschulen, weiteren Kleinen Grundschulen, Pädagogischem Landesinstitut mit seinen Außenstellen, den Lernwerkstätten, den Moderatorinnen für Fortbildung in der Grundschule sowie der Schulaufsicht bedacht und realisiert.

# Kleine Grundschulen – Aufgaben der Konzeptentwicklung

Das Ziel des Entwicklungsprojektes ist die Sicherung der pädagogisch-didaktischen Qualität der Kleinen Grundschulen. Den Schwerpunkt bilden die Erarbeitung, Erprobung und Evaluation von Konzepten jahrgangsübergreifenden Unterrichts für den Unterricht in den Jahrgängen 1 bis 4 und eines qualitativen Unterrichtsarrangements für die Jahrgangsstufen 5 und 6 sowie die Unterstützung schulischer Entwicklungsprozesse.

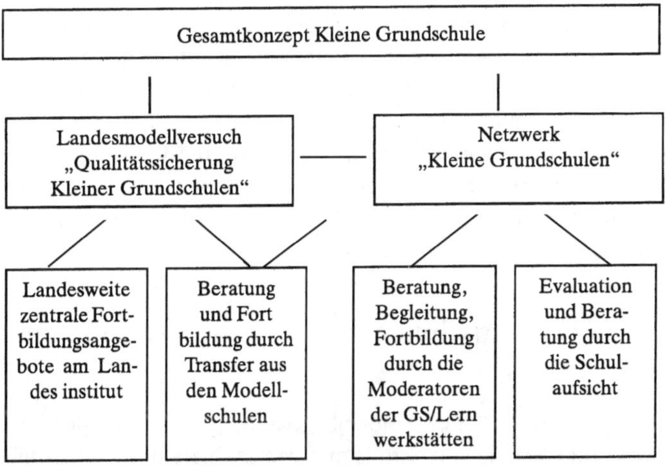


Die Qualitätsentwicklung an Kleinen Grundschulen bietet und nutzt die Chance einer Gestaltung der Lernkultur, die den Aneignungs- und Verarbeitungsweisen von Kindern im Grundschulalter besonders entspricht, wie beispielsweise:

- eigentätiges und selbstständiges Lernen durch projektorientierte, handlungs- und produktbezogene Unterrichtsformen,

- Betonung sozialer Formen des Lernens durch Partner- und Kleingruppenarbeit sowie Entwicklung von Helfersystemen in jahrgangsübergreifenden Stammgruppen,
- lebensnahes Lernen durch Öffnung von Schule und Unterricht zu außerschulischen Lernorten und originalen Standorten für Natur-, Technik-, Geschichts- und Kulturbegegnung oder -erfahrung im Nahbereich.

Im Einzelnen ging es in dem komplexen Schulentwicklungsvorhaben um die Gestaltung offener Unterrichtsformen in Balance zu lehrergeleiteten Phasen, um curriculare Planungen und das Entwickeln von Praxisbeispielen und Materialien, um die Planung und Gestaltung fachübergreifenden und fachbezogenen Lernens, um die Entwicklung der Teamarbeit im Kollegium und des sozialen Miteinanderlernens in der Lerngruppe, um Fragen der Differenzierung und Bewertung von Schülerleistungen, um eine flexiblere Gestaltung der Zeitstrukturen und des Stundenplanes, um eine kontinuierliche und bedarfsorientierte Fortbildung, um eine transparente Öffentlichkeitsarbeit und um den Transfer der Ergebnisse in andere Schulen und in die Öffentlichkeit.

## Kleine Grundschulen – Ergebnisse der Qualitätsentwicklung

Kleine Grundschulen sind eine pädagogisch sinnvolle Antwort zum Erhalt von Schulstandorten. Unter der Beachtung von Rahmenbedingungen sind sie qualitative und innovative Lösungen, die zugleich reformpädagogische Veränderungen an Schulen überhaupt unterstützen. Der Qualität von Unterricht und Schulkultur an den Kleinen Grundschulen liegen Qualitätsmerkmale mit differenzierten Indikatoren zugrunde. Diese umfassen eine didaktisch-methodisch differenzierte Lernorganisation, die Leistung der Schüler vor dem Hintergrund eines erweiterten Lern- und Leistungsbegriffs, einen lerngerechten und schülerorientierten Zeitrhythmus, die schulräumliche Gestaltung im Sinne einer anregenden Lernumgebung, die Öffnung der Schule nach außen, die aktive Einbeziehung der Eltern, ein offenes Rollenverständnis und Teamarbeit der Lehrerinnen, das soziale Klima im Kollegium sowie die professionelle Kompetenzerweiterung und Stärkung der Selbstverantwortung des Kollegiums (WERKSTATTHEFTE, 1999).

Diese in den Schulkonzepten aufgenommenen und in der Schulwirklichkeit umgesetzten Qualitätsmerkmale können in die Diskussion und Beratung hinsichtlich der Qualität von Schule heute eingehen. Kleine Grundschulen sind somit verstärkt zu einem „Pädagogicum“ geworden (MEIERS, 1995). Das ist das wesentlichste Ergebnis des Entwicklungsvorhabens „Kleine Grundschule“ in Brandenburg. In den Konzepten für Kleine Grundschulen bilden offene Lernformen und veränderte flexible Zeitrhythmen wesentliche Elemente der jahrgangsübergreifenden Unterrichtsarbeit. Offene Lernformen erweisen sich als unabdingbar, um die Bandbreite von Möglichkeiten der Differenzierung und des sozialen Lernens sowie die Entwicklung von Selbstständigkeit zu gewährleisten. Veränderte Organisationsstrukturen der Tages- und Wochengestaltung mit offenem Unterrichtsbeginn, Unterrichtsblöcken für gemeinsames jahrgangsübergreifendes und jahrgangsbezogenes Lernen sowie gestaltete Pausenzeiten und Angebote für Interessengemeinschaften setzten sich an allen Kleinen Schulen durch. Die pädagogisch-didaktischen Konzepte der Kleinen Grundschule sind insgesamt zu ausgewogenen Lernarrangements bezogen auf offene und frontale, fachorientierte und fachübergreifende, jahrgangsbezogene und jahrgangsübergreifende Anteile entwickelt und erprobt worden. Diese neue Lernkultur berücksichtigt die kognitive, soziale, emotionale, kulturelle, kreative und körperliche Entwicklung der Kinder im Sinne der komplexen Bildungs- und Erziehungsaufgaben von Schule.

Im Entwicklungsprojekt Kleine Grundschule gibt es praxiserprobte Erfahrungen und Materialien bei der Erarbeitung und

Erprobung dieser ausgewogenen Unterrichtskonzepte. An den Kleinen Schulen werden etwa zehn bis fünfzehn Unterrichtsstunden als jahrgangsübergreifender differenzierter Unterricht gestaltet. In diesen fest im Stundenplan integrierten Lernzeiten arbeiten die Schülerinnen und Schüler der Jahrgänge 1/2; 3/4; 5/6 gemeinsam an fachübergreifenden Themen, für die Stundenanteile aus den verschiedenen Fächern und Lernbereichen zur Verfügung gestellt werden. Diese Lernphasen erfolgen kontinuierlich unter Nutzung verschiedener Lernformen zur Öffnung des Unterrichts. Sehr flexibel können sowohl Einzelarbeit als auch besonders Gruppen- und Partnerarbeit als die verbreitetsten Formen einer Binnendifferenzierung genutzt werden. Diese kontinuierlichen fach- und jahrgangsübergreifenden Unterrichtszeiten in Form von Projekten, Werkstätten, Stationen, Wochenplänen und Gesprächskreisen werden langfristig von den Lehrkräften gemeinsam geplant, vor- und nachbereitet und in schulinternen Planungen dokumentiert. Dadurch hat sich die Teamarbeit an den Schulen so entwickelt, dass die Beratungen wöchentlich mindestens einmal stattfinden und als notwendige und bestärkende Arbeit empfunden werden. Es hat sich bewährt, den Unterricht an Kleinen Grundschulen in einer Balance von jahrgangsübergreifendem und jahrgangsbezogenem Unterricht zu gestalten, in dem sich folgende Elemente ergänzen:

Verhältnis von spezifischen Unterrichtsanteilen bei der Unterrichtsgestaltung in Kleinen Grundschulen:

- *Jahrgangsübergreifender Unterricht* ist fachübergreifend an thematische Vorhaben gebunden, die meist einen längeren Zeitraum von zwei bis vier Wochen umfassen. Erprobte Lernformen dafür sind Projekte, Werkstätten und Wochenpläne und Gesprächskreise.
- *Jahrgangsübergreifender Unterricht* wird fachorientiert und lehrgangsorientiert praktiziert. Das bedeutet, dass die Kinder in bestimmten Lernbereichen oder Fächern anteilig jahrgangsübergreifend miteinander lernen. Erprobte Lern-

formen hierfür sind überwiegend Wochenplanarbeit und lehrerzentrierter Unterricht mit Frontalphasen und Binnendifferenzierung. Die Aufgabenstellungen, Leistungskontrollen und Leistungsbewertung entsprechen den unterschiedlichen Niveaus der Schülerinnen und Schüler.

- *Jahrgangsorientierter Unterricht* wird sowohl fachübergreifend (z. B. in den Lernbereichen Naturwissenschaften und Gesellschaftslehre in den Jahrgangsstufen 5/6) als auch in fachsystematischen Lernphasen gestaltet. Beim Unterricht mit Jahrgangsgruppen dominiert ein vermittelnder erarbeitender Unterricht, der überwiegend lehrergeleitet erfolgt. Auch im jahrgangsorientierten Unterricht wird zwischen grundlegenden für alle verbindlichen Inhalten und erweiterten Anforderungen differenziert, z. B. in Mathematik; Arbeit in drei gestaffelten Schwierigkeitsgruppen.

Die in den Jahrgangsstufen 1 bis 4 erprobten Unterrichtsformen werden in den Jahrgangsstufen 5 und 6 fortgesetzt, mit dem für diese Jahrgangsstufen höheren Anspruch, sinnvolle Themen für fachübergreifende Vorhaben unter Berücksichtigung der Integration mehrerer Fächer zu realisieren. Dabei wird der Unterricht sowohl durch offene Lernformen, schülerorientierte Phasen als auch durch lehrerzentrierte Phasen mit Formen der Binnendifferenzierung strukturiert.

## Offene, schülerorientierte Phasen

Der Schwerpunkt liegt hier auf der Kooperationsfähigkeit der Schülerinnen und Schüler, der Förderung zu sozialem Lernen, der Selbstständigkeit beim Lösen von Problemen und der gezielten Entwicklung von Methodenkompetenzen.

### Gesprächskreise

Gesprächskreise sind fester Bestandteil der Unterrichtsarbeit in allen Jahrgangsstufen der Kleinen Grundschule. In den Gesprächskreisen erläutern die Schülerinnen und Schüler beispielsweise Aufgaben, geben Ratschläge für Lösungsverfahren, halten zusammenhängende Vorträge, schätzen ihre und fremde Lernergebnisse ein, beraten aktuelle Probleme des Zusammenlebens in der Schule oder Probleme aus der Sicht einzelner Kinder. Der Selbstständigkeitsgrad und die Qualität dieser Lernhandlungen in den Jahrgängen 5 und 6 steigen im Vergleich zu den jüngeren Jahrgangsstufen.

## Gruppenarbeit / Partnerarbeit

Im jahrgangsübergreifenden differenzierten Unterricht ist den Lehrkräften wichtig, dass Kinder der jüngeren Jahrgangsstufe mit den Kindern der älteren Jahrgangsstufe gemeinsam arbeiten und voneinander lernen. Das erfolgt vor allem mittels Gruppen- bzw. Partnerarbeit. Neben dem Helferprinzip werden weitere Aspekte der Zusammensetzung beachtet, beispielsweise Freundschaften und das Leistungsvermögen. Die Bildung der Gruppen erfolgt in Abhängigkeit von der Lernsituation einerseits durch die Kinder selbst, andererseits gesteuert durch die Lehrkraft.

Die Aufgaben für Gruppen-/ Partnerarbeit werden in der Regel durch den Lehrer vorgegeben (z. B. im Wochenplan, bei Projekten). Die Schüler haben aber Mitsprache vor allem bei der Wahl der Lernhandlungen und Partner und bei der Wahl des Themas der Gruppe im Rahmen eines gemeinsamen Projektthemas. Oft wird unter Beteiligung des Kindes in der Planungsphase die Methode des Clusterns genutzt, um zu einem Rahmenthema die relevanten inhaltlichen Bereiche zu ermitteln. Diese korrespondieren nach unseren Erfahrungen weitestgehend auch mit Anliegen der Rahmenpläne und waren Ausgangspunkte der jeweiligen spezifischen Gruppenarbeiten zum Projektthema.

## Frontale, lehrerzentrierte Phasen

Zur Vermittlung von Unterrichtsstoff, von Lernhandlungen und -strategien werden lehrergeleitete Lernphasen genutzt. Sie folgen überwiegend dem traditionellen Unterrichtsmuster, nutzen aber auch die Möglichkeiten der Leistungsdifferenzierung durch differenzierte Lernmittel, verschiedene Schwierigkeitsstufen der Anforderungen, unterschiedlichen Umfang und unterschiedliche Hilfs- und Kontrollangebote.

Die Kleinen Grundschulen arbeiteten an folgenden unterrichtlichen Schwerpunktaufgaben:

- inhaltliche Planung des jahrgangsübergreifenden Unterrichts über zwei Jahre (schulinterne Planungen),
- Differenzierung der Lerninhalte (Anforderungsniveau),
- Beteiligung der Kinder an der Planung und Organisation des Unterrichts,
- Helfersysteme im Unterricht,
- Entwicklung von Lernstrategien (z.B. zur Erschließung von Sachtexten),
- kontinuierliche Weiterentwicklung verschiedener offener Lernformen,
- Erfahrungsaustausch und Kooperation mit anderen Schulen, auch mit weiterführenden Schulen der Sekundarstufe.

## Strukturell-organisatorische Rahmenbedingungen

Für die Sicherung der Qualität des Unterrichts in Kleinen Grundschulen sind nicht zuletzt auch die strukturell-organisatorischen Rahmenbedingungen entscheidend, wie z.B. Stundenplangestaltung, Personalbesetzung oder Räumlichkeiten. Die Stundenplangestaltung erfolgte so, dass in allen jahrgangsübergreifenden Gruppen Unterrichtsblöcke für das gemeinsame Lernen vorgesehen werden.

Nachfolgendes Beispiel aus einer Kleinen Grundschule (Grundschule Töpchin) zeigt, wie jahrgangsübergreifender Unterricht auch in den Jahrgängen 5 und 6 im Stundenplan durch Stundenblöcke organisiert wurde:

| | **Mo** | | **Die** | | **Mi** | | **Do** | | **Fr** | |
|---|---|---|---|---|---|---|---|---|---|---|
| | **Kl. 5** | **Kl. 6** | **Kl. 5** | **Kl. 6** | **Kl. 5** | **Kl. 6** | **Kl. 5** | **Kl. 6** | **Kl. 5** | **Kl. 6** |
| 1 | Ma | En | Mu | Sp | AL | Gesell. | Bio | En | En | Phy |
| 2 | Mu | En | D | D | AL | Gesell. | D | Ma | Ma | Gesell. |
| 3 | D | D | En | Ma | Sp | Mu | Gesell. | Phy | Ma | Sp |
| 4 | Gewi | D | Bio | Mu | D | D | D | D | Ku | Ku |
| 5 | Sp | Ma | Sp | Bio | Ma | Sp | Gewi | Bio | Ku | Ku |
| 6 | Engl. | Ma | Ma | En | | | | | | |

| Jahrgangsbezogener Unterricht | Mischung 5/6 |
|---|---|

Für den jahrgangs- und fachübergreifenden Unterricht wurden in den Schulen etwa zehn bis sechzehn Unterrichtsstunden wöchentlich zu festen Zeiten als Stundenblöcke geplant Auf dem Stundenplan sind zwar die Fächer ausgewiesen, die aber als fachübergreifende Projektvorhaben unterrichtet werden.

## Kleine Grundschule – Leistungen im Unterricht der jahrgangsgemischten Lerngruppen

Den Lehrerinnen und Lehrern ist die Qualität von Unterricht und Erziehung wichtig. Die Auseinandersetzung mit dem Lernbegriff in Fortbildungsseminaren und in Schulleiter-Arbeitskreisen sowie im Lehrerkollegium führte zu dem Verständnis, dass Lernen in der Schule sowohl als Prozess als auch als Produkt zu bewerten ist. Allerdings werden auch immer wieder Unsicherheiten und Probleme bei einer sowohl entwicklungsfördernden als auch „objektiven" Bewertungspraxis geäußert. Die Lehrkräfte sind daran interessiert, Leistungsanforderungen auch im offenen Unterricht durch Lehr- und Lernziele zu markieren und diese für die Schülerinnen und

Schüler als Orientierung der nachfolgenden Leistungsbewertung zu benennen.

In der Regel weisen die Pflichtaufgaben im Vergleich zu Zusatz- oder Wahlaufgaben die zu erreichenden Lernergebnisse auf. Die Schülerinnen und Schüler werden insofern am Ergebnis einer Leistungsbewertung beteiligt, indem sie bestimmen, wann sie was, mit wem und mit welchen Materialien erledigen, bei wem sie sich Hilfe und Unterstützung holen, in welcher Form die Präsentation der Ergebnisse und eine Einschätzung und Würdigung der Leistungen dabei erfolgen soll.

*Leistungsbewertungen* erfolgen zwar noch überwiegend in Form von schriftlichen Tests und Klassenarbeiten, aber auch in mündlicher Form durch Präsentationen von Ergebnissen und Produkten. Leistungsdifferenzierung wird teilweise über Gruppierungsmaßnahmen oder über individuelle Förderung praktiziert. Leistungsanforderungen richten sich nach den angenommenen Leistungsmöglichkeiten einer Gruppe, einer Partnerarbeit oder eines Einzelnen für einen bestimmten Zeitpunkt. Eine Leistungsbewertung dazu gibt es überwiegend verbal durch die Beteiligten einer Gruppierung oder/ und den Lehrer. In Ansätzen beginnen die Schulen, kriteriumsorientierte Beobachtungsbögen zu entwickeln und auszuwerten, nachdem diese Form als Anregung in Fortbildungen diskutiert wurde.

In den Modellversuchsschulen konnte durch eine dreijährige empirische Untersuchung zum Stand und zur Entwicklung von Schreibkompetenz nachgewiesen werden, dass die Sorge, in jahrgangsübergreifenden Gruppen würde möglicherweise nicht genügend gelernt, unbegründet ist. Die Ergebnisse dieser empirischen Untersuchung anhand von Rechtschreibentwicklung und Freiem Schreiben zeigten keine Benachteiligung der Kinder jahrgangsübergreifender Klassen. Allerdings lassen sie auch keine Schlüsse dahingehend zu, dass die Lernerfolge von Schülerinnen und Schülern im o. g. Teilbereich traditioneller Leistungen nachhaltiger als im jahrgangsbezogenen und eher lehrergeleiteten Unterricht gesichert werden. Es wurden erhebliche Lernzuwächse zwischen den Erhebungszeitpunkten deutlich (SCHEERER-NEUMANN, 1998). Die Modellschulen beteiligten sich außerdem an einer landesweiten „Qualitätsuntersuchung an Schulen zum Unterricht in Mathematik“. Diese Ergebnisse waren denen anderer Schulformen ebenfalls weitgehend vergleichbar.

Im Modellversuch wurde festgestellt, dass die Kinder im Bezug auf das soziale Lernen in der Kleinen Grundschule optimale Lernsituationen genießen. *Soziales Lernen* als ein Teilbereich von Leistung wird in Kleinen Grundschulen besonders gefördert. Dies geschieht unter anderem durch die Unterrichtsgestaltung in Balance von offenen und gelenkten Formen, durch die Rhythmisierung des Schultages und durch das Lernen in verschiedenen Altersgruppen, bei dem die Kinder Akzeptanz, Bereicherung und Leistungsstärkung erfahren. Die Ergebnisse internationaler Untersuchungen Kleiner Schulen bezogen auf besonders gute Möglichkeiten hinsichtlich der sozialen Erziehung durch jahrgangsgemischtes Lernen bestätigten sich durch Untersuchungsergebnisse im Modellversuch. Eine überschaubare Schulgröße trägt neben einer veränderten Unterrichtskonzeption offensichtlich dazu bei, Kommunikationsstrukturen, Verhaltens- und Arbeitsweisen zu entwickeln, die das Schulleben positiv beeinflussen.

Auch Eltern sehen die Erziehung zu Hilfsbereitschaft, Toleranz, Verantwortung und Selbstständigkeit als Vorteile der pädagogischen Arbeit in Kleinen Grundschulen an, wie Befragungen verdeutlichten. Die Akzeptanz der Eltern für „ihre“ Kleine Schule zeigte sich in der Übernahme einer gemeinsamen Verantwortung und in engagierten Initiativen für den Erhalt der Schulen. Ein großes Problem ist, dass in Entscheidungen zum Standorterhalt durch die Schulträger stärker finanzielle Erwägungen als pädagogische Konzepte eingehen.

## Kleine Grundschule – Schülersichten und Lehrersichten zum differenzierten Unterrichtskonzept

Im Rahmen der wissenschaftlichen Begleitung des Modellversuchs „Kleine Grundschule" wurden die Meinungen, Vorstellungen und Probleme der Lehrkräfte aus sieben Modellschulen mit einem selbst konstruierten Fragebogen erfasst. Die Stichprobe bestand aus 49 Lehrerinnen und Lehrern, das sind 84 % der an den Modellschulen tätigen Lehrkräfte. Die Befragung machte in Kombination mit Unterrichtsbeoachtungen und Reflexionen der Lehrkräfte in Teams deutlich, dass das pädagogische Konzept in hohem Maße auf die Förderung der Selbstständigkeit, die Einheit von Bildung und Erziehung, das gemeinschaftliche Miteinanderlernen, die Beteiligung der Kinder an Entscheidungen und die Selbstständigkeit beim Wissenserwerb (auch) durch neue Lernformen und auf den Erwerb von Methodenkompetenzen gerichtet ist. Hinsichtlich der wichtigsten Ziele und Aufgaben des pädagogischen Konzepts, hier für den Unterricht in den Jahrgangsstufen 5/6, die von den Lehrkräften mit der Bewertung „trifft sehr zu" eingeschätzt wurden, ergibt sich folgende Rangfolge:

- Ich halte es für sehr wichtig, dass sich Kinder in offenen Lernformen selbstständig Wissen aneignen (71,4 %)
- Bei der Planung und Gestaltung des Unterrichts sind für mich Bildung und Erziehung gleich wichtig (55,1 %)
- Ich organisiere den Unterricht so, dass die Kinder in vielfältigen Formen miteinander und voneinander lernen können (49,0 %)
- Ich fördere in meinem Unterricht Selbstständigkeit und Selbstbeurteilung der Kinder (42,9 %)
- Kompetenzentwicklung in der Gruppenarbeit ist ein wesentliches Aufgabenfeld in den Jahrgangsstufen 5/6 (40,8 %)
- Die Arbeitsweisen und Lerntechniken sind neben den Inhalten bewusster Bestandteil der Planungen (28,6 %)

- Ich beteilige die Schülerinnen und Schüler an wichtigen Entscheidungsprozessen (20,4 %)

Die Ergebnisse signalisieren insgesamt eine positive Haltung der Beteiligten gegenüber einem innovativen Unterrichtsverständnis. Veränderte Lernarrangements mit neuen Lernformen, die von einem erweiterten Lern- und Leistungsbegriff ausgehen und Selbstständigkeit als Schlüsselqualifikation entwickeln sowie Sach-, Sozial- und Methodenkompetenzen anstreben, werden in den Zielvorstellungen der Lehrkräfte des Modellprojekts angestrebt. Die Mitbestimmung und Beteiligung der Schülerinnen und Schüler zu verwirklichen, ist ein noch nicht ausreichend gelöstes Element des Unterrichtskonzepts. Das bestätigt sich durch Erhebungen der Schülersicht (Interview, Fragebogen), in denen zum Ausdruck kommt, dass sie sich nur teilweise einbezogen fühlen, eigentlich aber z. B. die Gruppenzusammensetzung, die Auswahl der inhaltlichen Schwerpunkte und die Festlegung von Aufgaben letztlich überwiegend vom Lehrer entschieden wird. Offensichtlich sehen die Lehrkräfte neben der Wissensvermittlung einen Kernauftrag der Schule auch in der Entwicklung von sozialem Lernen, der Förderung von Selbstständigkeit, von Arbeitsweisen und Lerntechniken sowie in der Kommunikation mit anderen.

Die Qualitätsentwicklung und -sicherung des Unterrichts ist für die überwiegende Mehrheit eine sehr wichtige Aufgabe der (Kleinen) Grundschule. Dabei hat nach Ansicht der Lehrkräfte der fachübergreifende Unterricht einen wichtigen Stellenwert (96 %). Integraler Bestandteil des Unterrichtskonzepts ist auch das kontinuierliche Üben, das von 96 % als wichtiges Element des Unterrichts bewertet wird.

Befragt nach weiteren Qualitätsmerkmalen sind es aus der Sicht der Lehrkräfte folgende Rahmenbedingungen, denen sie eine hohe Bedeutung zumessen:

Zusammenarbeit im Kollegium; Wechsel von lehrergelenkten und offenen Lernformen; langfristige Planungen im Team,

Ausgewogenheit von fachorientiertem und fachübergreifendem Lernen, Kontinuität in der Lehrerbesetzung, schulintern vereinbarte Ansätze der Bewertung, Erstellen eines schulinternen Lehrplans als 2-Jahresplanung, Fachkompetenz der Lehrkräfte, aber auch das Bündeln von Fächern und Lernbereichen. Hinsichtlich des Lernens und Leistens von Schülern und zu differenzierender Maßnahmen meinen mehr als dreiviertel der Lehrerinnen und Lehrer, dass die Kinder in zeitweiligen altersgemischten und fachübergreifenden Lernsituationen nicht zu wenig lernen. Alle Lehrkräfte gehen davon aus, dass das individuelle Leistungsvermögen jedes einzelnen Kindes anerkannt werde.

Der Einsatz differenzierter Aufgaben für die Schülerinnen und Schüler mit unterschiedlichen Lernvoraussetzungen ist für etwa ein Drittel der Lehrkräfte allerdings nicht unbedingt erforderlich. Mehr als die Hälfte der Befragten sehen die Notwendigkeit für differenzierte Arbeitsaufgaben. Das entspricht etwa dem Anteil der Lehrkräfte, die angeben, Leistung in der täglichen Praxis auch differenziert zu beurteilen.

Die zunehmende Heterogenität und damit unterschiedliche Lernvoraussetzungen und Lernergebnisse zu akzeptieren und mit binnendifferenzierten Maßnahmen zu reagieren, führt zwangsläufig zu einer Neubestimmung der eigenen Berufsrolle. Lehrkräfte stehen vor der widersprüchlichen Aufgabe im Unterricht, das didaktische Verhältnis von „geführt werden“ und einem „Sich-Selbst-Regulieren“ der Kinder auszubalancieren. Das ist mit Unsicherheiten und eigenen Standpunktbildungen verbunden auch bezüglich des Lern- und Leistungsbegriffs. Größere Offenheit erfordert, dass Organisation, Lernformen, Inhalte, Medien, Beurteilungsweisen nicht einfach hingenommen werden, weil sie so sind, sondern bedacht wird, ob sie so, wie sie sind, dem Leben und Lernen der Kinder am besten dienen. Das gilt nicht nur für Kleine Grundschulen.

In einer Befragung von Schülerinnen und Schülern der 5. und 6. Jahrgangsstufe im Rahmen der Entwicklung und Erprobung eines differenzierten Unterrichskonzepts für diese Jahrgangsstufen im Entwicklungsvorhaben Kleine Grundschule wurden die Kinder nach einer Bewertung des Schulalltags und ihrer Einschätzung eines erfolgreichen Unterrichts befragt. Auffallend ist, dass die Kinder sich stark an Qualitäts- und Ergebniskriterien orientieren. Viel fachlich gelernt zu haben, gute Noten bekommen zu haben, das steht in diesen beiden letzten Jahrgängen der Grundschule offensichtlich deutlich an erster Stelle. Die zukünftigen Anforderungen und Orientierungen am Übergang zur weiterführenden Schule spielen hier eine Rolle. Wichtig ist den Schülerinnen und Schülern aber auch, sich aktiv am Unterricht beteiligen zu können und nicht nur rezeptiv Wissen anzueignen. Das ist ein wichtiges Kriterium, nach dem die Schülerinnen und Schüler einen erfolgreichen und guten Schultag bewerten. Die Kinder wünschen sich verstärkte Mitsprachemöglichkeiten bei der Gestaltung des Unterrichts. Diese sind nach Meinung der Kinder noch nicht ausreichend vorhanden. Sie beschränken sich überwiegend auf Materialsammlung, Vorschläge für Freizeitaktivitäten und gelegentliche Abstimmungen zum fachübergreifenden Unterrichtsthema.

„Wir machen meistens Gedankenlandkarten und dann gucken die Lehrer, was ist gut für die Schule und was ist nicht so gut und was haben viele geschrieben. Und das machen wir immer so zu Frühling, Herbst, Sommer, Winter. Werkstätten auch. Da sollen wir uns ausdrücken, was wir machen wollen und manchmal wurden manche Sachen auch gemacht davon."

Bevorzugte Lernformen sind nach Ansicht der Kinder in der Mehrzahl Projekte und Werkstätten. Wochenplanarbeit ist nicht ganz so beliebt wie die beiden Erstgenannten. Auch Freiarbeit, Partnerarbeit, Stationenlernen finden positive Zustimmung. Die Schülerinnen und Schüler betonen bei all diesen Formen besonders die Selbstverantwortlichkeit beim Lernen, die ihnen durch diese Formen geboten wird. Sie befürworten einen solchen Unterricht, da sie im Rahmen dieser Unterrichtsformen viel selbst bestimmen, mit anderen zusammen arbeiten können, ihre Arbeit selbstständiger gestalten können, den Lernerfolg selbst oder von Mitschülern kontrollieren lassen und sich länger und intensiver mit Themen beschäftigen können. Auch das größere Maß an Kreativität und Freiheit ist ein von ihnen benanntes Kriterium. Sie wünschen sich auch für die weiterführenden Schulen, dass es solche Lernformen gibt.

Jahrgangsübergreifender Unterricht hat für die Kinder viele Vorteile, stellt jedoch an die Lehrerinnen und Lehrer und an die Schule als System vielfältige, zum Teil neue und ungewohnte Anforderungen.

## Literatur

DREWS, U. / SCHNEIDER, G. / WALLRABENSTEIN, W.: Jahrgangsübergreifender Unterricht. In: Einführung in die Grundschulpädagogik. Weinheim und Basel, 2000.

FICKERMANN, D. / WEISHAUPT, H., / ZEDLER, P. (Hrsg.): Kleine Grundschulen in Europa, Berichte aus elf europäischen Ländern. Weinheim 1998.

KNAUF, A.: Kleine Grundschulen in Brandenburg – eine Neuorientierung mit jahrgangsübergreifenden Stammgruppen. In: Laging, R. (Hrsg.): Altersgemischtes Lernen in der Schule. 1999.

MEIERS, K.: Zur Theorie der „Kleinen Grundschule". In: Wege entstehen beim Gehen. Kleine Grundschulen entwickeln ein Konzept. Pädagogisches Landesinstitut Brandenburg. Fachserie: Schulstruktur und Schulentwicklung. Ludwigsfelde 1995.

SCHEERER-NEUMANN, G.: Die Entwicklung der Schreibkompetenz in altersgemischten Klassen an „Kleinen Grundschulen" Brandenburgs. In: Abschlussbericht des BLK-Modellversuchs „Entwicklung und Erprobung der Qualitätssicherung Kleiner Grundschulen in Brandenburg", Pädagogisches Landesinstitut Brandenburg. Berichterstattung Elvira Waldmann, Brigitte Schulz, Denise Sommer. Ludwigsfelde 1998.

WALDMANN, E.: Entwicklung und Erprobung der Qualitätssicherung an Kleinen Schulen. In: Die Grundschulzeitschrift Heft 125, Juni 1999.

WALDMANN, E.: Eine andere Schulkultur in Kleinen Grundschulen im Land Brandenburg. In: Schulverwaltung MO. 9. Jg. Heft 5, 1999.

WERKSTATTHEFTE: Qualität von Unterricht und Schulleben in (Kleinen) Grundschulen, Ergebnisse aus der Schulentwicklung, Pädagogisches Landesinstitut Brandenburg. Heft 61, 1999.

KARLHEINZ BURK

# Grundschule als erweiterte Halbtagsgrundschule

In den letzten Jahren ist Bewegung in die traditionelle Stundenschule am Vormittag gekommen. Heute wird vor allem eine Ausweitung der öffentlichen Kinderbetreuungseinrichtungen gefordert, damit die Eltern ihrer Erwerbsarbeit nachgehen können. Dies gilt für die alten Bundesländer, da dort gerade für 5 % der Sechs- bis Zehnjährigen Hortplätze zur Verfügung stehen; aber auch für die neuen Bundesländer, in denen 1989 mehr als 80 % der Sechs- bis Zehnjährigen in Horten betreut wurden. Hier sank der Anteil aus unterschiedlichen Gründen rapide ab. Gefordert ist daher für die alten und neuen Bundesländer ein familienpolitisches und pädagogisches Gesamtkonzept, in dem die Möglichkeiten und Aufgaben der unterschiedlichen Institutionen und Einrichtungen geklärt werden. Soweit es die Grundschule angeht, geschieht dies vor allem in Zusammenhang mit der Programmatik der „erweiterten Halbtagsgrundschule".

## Zur Entwicklung

Die Schule in Deutschland ist im Gegensatz zu anderen europäischen Ländern eine Vormittagsschule. Dies war nicht immer so. Bis ins 19. Jahrhundert hinein fand der Unterricht in der Regel von 8–12 Uhr und nachmittags von 14–16 Uhr statt. In der Mittagspause gingen die Kinder und Lehrkräfte zum Mittagessen und zur Erholung nach Hause. Nach dem Nachmittagsunterricht waren von den Kindern noch Hausaufgaben zu erledigen; die Lehrkräfte widmeten sich der Vor- und Nachbereitung des Unterrichts. Diese Form der „Ganztagsschule“ entsprach damals vor allem der Zeiteinteilung in der Arbeitswelt der Handwerker.

Die „Schule mit geteilter Unterrichtszeit“ wurde zunächst am Gymnasium aufgegeben, um die von vielen Medizinern beklagte „Überbürdung“ abzubauen. In der „Volksschule“ war bis in die 1950er-Jahre Vor- und Nachmittagsunterricht anzutreffen, vor allem weil nicht genügend Schulraum zur Verfügung stand und „Schichtunterricht“ erforderlich war. Mit der Einführung der allgemeinen Schulpflicht wurde der Unterricht grundsätzlich auf den Vormittag beschränkt, damit es am Nachmittag den Kindern wenigstens teilweise möglich war, auf dem Feld, im Haushalt oder im Betrieb mitzuarbeiten. So kommt es, dass in Deutschland, Österreich und der deutschsprachigen Schweiz Vormittagsschulen die Regel sind, während die anderen europäischen Länder unhinterfragt nur Ganztagsschulen kennen, und zwar in Frankreich und Großbritannien in der Regel von 9 Uhr bis 15 oder 17 Uhr, in den Niederlanden, Belgien, Dänemark und Spanien in Form der „geteilten Unterrichtszeit“; für das Mittagessen sorgen entweder die Kommune oder die Eltern in der Schule oder zu Hause. In Italien gibt es in den höheren Schulstufen Ganztagsschulen, in der Grundschule gilt eine verlässliche Schulzeit bis mindestens 12.30 Uhr. In Deutschland forderten Reformpädagogen in der Zeit, als sich die Vormittagsschule durchsetzte, eine Schule, die mehr sein sollte als Unterricht. Hermann Lietz (Landerziehungsheimbewegung), Paul Geheeb (Odenwaldschule), Peter Petersen (Jena-Plan-Schule) u. a. gründeten Schulen, die eine Lern- und Lebensstätte für Kinder und Jugendliche sein sollten. Im staatlichen Schulwesen gab erst im Jahre 1968 die Bildungskommission des Deutschen Bildungsrates einen Anstoß, Schulen in Ganztagsform zu erproben. Als Motive nannte sie, eine bessere Vorbereitung auf das „Leben in der Gesellschaft“, den Abbau ungleicher Bildungschancen, die Notwendigkeit, Formen der „Kooperation in der

Gruppe" zu entwickeln, die „Berufstätigkeit vieler Mütter", die Einführung der 5-Tage-Woche im Arbeitsleben und den Wunsch nach mehr zeitlicher „Flexibilität der Unterrichtsplanung". Im Bildungsgesamtplan einigten sich im Jahre 1973 die Länder auf ein Entwicklungsprogramm: Bis 1985 solle der Anteil der „Ganztagsschüler im Primar- und Sekundarbereich sowie in Sonderschulen" auf 15–30 % aller Schüler anwachsen. Bis heute ist dieser Plan nicht eingelöst; der Anteil liegt seit Jahren gleichbleibend niedrig bei ca. 4 %.

## Erziehungsauftrag

In der ehemaligen DDR wurde schon früh vornehmlich aus beschäftigungspolitischen und ideologischen Gründen ein breites Netz schulischer und außerschulischer Betreuungseinrichtungen aufgebaut mit dem Ziel, Müttern möglichst frühzeitig den Einstieg in das Erwerbsleben zu ermöglichen. Feuer sollte durch die staatliche Betreuung und Erziehung vom Kleinkind bis zur Hochschule der sozialistische Mensch geformt werden. Um dieses geschlossene, autoritäre Erziehungskonzept durchzusetzen, galt es, den Einfluss der Familienerziehung zurückzudrängen und schulische sowie außerschulische Formen zu entwickeln, die das gewünschte Verhalten prägen sollten: Kollektiverziehung, Arbeitserziehung, Erziehung durch militärische Übungen. So befanden sich im Jahre 1989 mehr als 90 % der Frauen im erwerbsfähigen Alter in einem Beschäftigungs- bzw. Ausbildungsverhältnis; 81 % der Ein- und Zweijährigen wurden in Kinderkrippen, 94 % der Kinder im Alter von 3 bis 6 Jahren in Kindergärten und 94 % der 6 bis 10jährigen in Horten betreut. Etwa 80 % der Eltern in den neuen Bundesländern gaben an, ihr Kind nicht mehr in den Hort schicken zu wollen, wenn sie arbeitslos werden. Dieser hohe Anteil kann nur teilweise durch die finanzielle Beteiligung an den Betreuungs- und Verpflegungskosten erklärt werden; auf Kritik stößt auch der Anspruch des Hortes, eine

Erziehungsfunktion wahrzunehmen, die traditionell eher den Familien zugeschrieben wird. Dies korrespondiert mit einem weit verbreiteten Verständnis in den alten Bundesländern. Hier wurde (und wird) die Ausdehnung der Schulzeit auf den ganzen Tag gelegentlich mit dem Argument zurückgewiesen, dass dadurch der Erziehungsauftrag des Staates ungebührlich erweitert werde. Dem Subsidiaritätsprinzip folgend müssten zunächst die Familien in die Lage versetzt werden, ihren Erziehungsauftrag zu erfüllen.

Das Verhältnis von elterlichen und schulisch-staatlichen Erziehungsrechten umschreibt das Bundesverfassungsgericht in seinem Urteil vom 06.12.1972: „Diese gemeinsame Erziehungsaufgabe von Eltern und Schule, welche die Bildung der einen Persönlichkeit des Kindes zum Ziel hat, lässt sich nicht in einzelne Kompetenzen zerlegen. Sie ist in einem sinnvoll aufeinander bezogenen Zusammenwirken zu erfüllen. Der Staat muss deshalb in der Schule die Verantwortung der Eltern für den Gesamtplan der Erziehung ihrer Kinder achten und für die Vielfalt der Anschauungen in Erziehungsfragen soweit offen sein, als es sich mit einem geordneten Schulsystem verträgt. Der Staat darf daher durch schulorganisatorische Maßnahmen nie den ganzen Werdegang des Kindes regeln wollen.“ Hieraus lässt sich jedoch weder eine Begründung für die Vormittagsschule noch für die Ganztagsschule ableiten.

## Wandel der Lebenswelten

Auffälligstes Indiz für den epochalen Wandel der Familien ist die steigende Zahl erwerbstätiger Frauen in den alten Bundesländern und die weiterhin steigende Zahl der Eineltern-Kind-Familien. Sozio-demografische Daten vermitteln den Eindruck, dass Ehe und Familie als Institution immer schwächer und als soziale Gruppe zunehmend fragiler werden. Zu diesem Wandel gehören auch die Auflösung der bisherigen geschlechtsspezifischen Arbeitsteilung in den Familien, die unterschiedlichen Formen des Zusammenlebens und der Wunsch, Berufsarbeit mit den Haus- und Familienarbeiten sowie Freizeitinteressen befriedigend miteinander zu verbinden. Die zu beobachtende wachsende Individualisierung in industriellen Gesellschaften führt zum einen zu einer Pluralisierung der Lebensformen, zum anderen zu dem verstärkten Anspruch der Frauen auf Teilhabe am wirtschaftlichen, politischen und gesellschaftlichen Leben. Elternverantwortung wird mehr und mehr nur noch übernommen, wenn Kinder die ökonomische Situation der Familie und die Lebensansprüche der Frauen nicht nachhaltig verschlechtern. Angesichts dieser Situation wundert es nicht, dass heute alle Parteien die Vereinbarkeit von Familie und Beruf als politisches Ziel und familienpolitische Aufgabe proklamieren. Aufgrund des weit fortgeschrittenen sozialen Wandels ist der gesellschaftliche Druck so stark, dass unter der Wortführerschaft der Frauenbeauftragten und Familienpolitiker intensiv nach Hilfen und Maßnahmen gesucht wird, um Eltern mit Kindern eine bessere zeitliche Planung zu ermöglichen.

Der Ausbau der Familien unterstützenden Einrichtungen ist also nicht nur für sozial schwache Familien erforderlich, sondern die heutigen Kleinfamilien bedürfen generell dieser Einrichtungen und fordern sie auch von der Gesellschaft mehr und mehr ein. So kommt es, dass die Zahl der Spielgruppen für Mutter / Vater und Kind, Kinderkrippen von Null bis Dreijährige, Ganztagskindergärten, Hausaufgabenhilfe, Horte, Ganztagsschulen bei weitem nicht ausreicht, die wachsende Nachfrage zu decken. Der Betreuungsnotstand wird konstatiert. Auch die Schule ist aufgefordert, ihren Beitrag zur Lösung des Problems zu leisten.

## Stundenschule mit Betreuung

Mit Betreuungsangeboten sollen vor allem Lücken im außerschulischen Angebot (vor allem im Hortbereich) geschlossen und “eine geregelte Abwesenheit der Kinder durch Schulbesuch sichergestellt“ werden, wie es in einer Presseerklärung von Nordrhein-Westfalen aus dem Jahre 1989 stand. Da durch diese Betreuungseinrichtungen eine spürbare Entlastung für den Hortbereich eintritt, werden Mischfinanzierungen zwischen Land und Kommune / Schulträger mit einer finanziellen Beteiligung der Eltern praktiziert. Betreuungsangebote werden so eine den Hort ersetzende Maßnahme. Es geht primär um die Lösung des Betreuungsproblems für eine begrenzte Anzahl von Kindern, die für den Vormittag außerhalb der Unterrichtszeit in der Regel aus familiären Gründen eine Betreuung benötigen. Die derzeitige Form der Grundschule bleibt hierbei unangetastet. Dieses Konzept („Bikini-Modell“) wird mehr und mehr als nicht ausreichend empfunden; bundesweit wird die Ausweitung des Zeitrahmens für alle Kinder gefordert. Wir befinden uns in einer Umbruchsituation, in der die Aufgaben und Funktionen, vor allem aber auch die Struktur des öffentlichen Schulwesens neu bestimmt werden. Auf der einen Seite steht die Notwendigkeit zu sparen, zu sparen und nochmals zu sparen. Dies führte bundesweit z.B. zu einer Kürzung der Stundentafel und zu der Forderung, die Aufgaben der Schulen einzuschränken. Auf der anderen Seite steht der gesellschaftliche Druck, die Aufgaben der Schulen zu erweitern, ihr die Bearbeitung von ungelösten Problemen anzuvertrauen – oder auch aufzubürden, was wiederum schwer mit Einsparungsauflagen zu vereinbaren ist.

Auch die Grundschule ist von dieser Funktions- und Strukturkrise betroffen. Wird die Grundschule „zurück entwickelt“ zu einer Lern-Schule für Lesen, Schreiben und Rechnen oder wird die Grundschule weiter entwickelt zu einem Lebensraum und einer Lernstätte für Kinder?

Es gibt inzwischen einen breiten Konsens für ein erweitertes Schulverständnis mit einem erweiterten Zeitkontingent für alle Kinder am Schulvormittag und eine Erhöhung der Schülerstunden in der Grundschule (bzw. eine Rücknahme der Kürzungen, die vor wenigen Jahren vorgenommen wurden). Die Grundschule soll kindgerechter und familienfreundlicher werden. Mit längeren und regelmäßigen Schulzeiten für alle Kinder am Vormittag soll die Grundschule sowohl den veränderten Lebensbedingungen der heranwachsenden Kindergeneration als auch den familienpolitischen Bedürfnissen besser gerecht werden. Daher wird die "ganze" bzw. "volle" *Halbtagsgrundschule* gefordert.

## Halbtagsgrundschule

Anlässlich des 75. Geburtstags der Grundschule fand im Dezember 1995 die Bundesgrundschulkonferenz statt. Veranstalter waren Grundschulverband – Arbeitskreis Grundschule e.V, Gewerkschaft Erziehung und Wissenschaft, Verband Bildung und Erziehung. Es gelang, ein gemeinsames Memorandum zu verabschieden, in dem der Zusammenhang grundlegender Veränderungen in Kultur und Gesellschaft mit neuen Ansprüchen an die Schule bedacht und formuliert wurden. „Lernen in neuen Rhythmen" ist einer der Abschnitte überschrieben; dort heißt es: „Neue Lebensrhythmen erfordern neue Lernrhythmen. Individualisierung und Pluralisierung in einer demokratischen Gesellschaft bewirken eine Öffnung starrer Lern- und Bildungsstrukturen. ... Der traditionelle Dreiviertelstundentakt soll flexiblen Lernabschnitten weichen ... Die neue Rhythmisierung des Lernens in der Grundschule soll äußere und innere Aspekte des Schullebens und des Unterrichts umfassen. Die äußere Zeitstruktur der Schulgestaltung muss sich mit inneren Einteilungen unterrichtlicher Differenzierung ergänzen. Dafür ist ein verlässlicher zeitlicher Rahmen von in der Regel 5 Zeitstunden für alle Kinder notwendig." Und weiter heißt es: „Eine veränderte Lernrhythmik hat Folgen für die Arbeit und das Selbstverständnis der in Grundschule Beschäftigten. Entsprechende Arbeitszeitmodelle, Teamarbeit von Pädagoginnen und Pädagogen sowie ein schuleigenes Profil sind zu entwickeln und zu erproben. Dies ist durch eine angemessene personelle Ausstattung der Schulen sowie eine entsprechende Aus- und Fortbildung zu begleiten und zu fördern."

Die Verbände sind sich einig, in der Grundschule soll in neuen Zeitrhythmen gelernt werden. Dies beinhaltet mehr als die Änderung des Zeitrahmens. Es handelt sich um eine strukturelle Veränderung der Grundschule mit Auswirkungen, vor allem auf die Gestaltung und Organisation des Lehrens und Lernens sowie auf Arbeitsplatz und Arbeitszeit der Lehrerinnen und Lehrer. In einem ganzheitlichen Konzept sollen Unterricht und Erziehung, Spielen und Lernen sowie Arbeits-, Spiel- und Erholungsphasen verbunden werden (ganze Halbtagsgrundschule). Der in 45-Minuten-Einheiten zerlegte Stundenplan mit oft täglich wechselnden Anfangs- und Schlusszeiten wird ersetzt durch einen Schulwochenplan mit täglich gleichen „Komm- und Gehzeiten" (volle Halbtagsgrundschule; keine Löcher mehr im Stundenplan der Kinder). Innerhalb dieses Zeitrahmens wird der Unterrichtsvormittag rhythmisiert strukturiert. So soll den Lehrerinnen und Lehrern ein größerer Handlungsspielraum gegeben werden, zeitliche Dauer von Arbeitsphasen und den Wechsel von Fächern nach der Aufnahmefähigkeit der Kinder und ihrer Belastbarkeit zu bestimmen. Aber auch die Kinder selbst sollen größere Handlungsspielräume erhalten; sie sollen im Hinblick auf die Ziele der Selbstständigkeitserziehung die Chance haben, innerhalb größerer Zeitblöcke ihre Arbeit eigenverantwortlich einzuteilen und Arbeitsrhythmus und Arbeitszeit und Binnengliederung selbst- bzw. mitzubestimmen.

In dieser allgemeinen Form findet das Konzept einen breiten Konsens. Einige Bundesländer haben inzwischen Konzepte erarbeitet, um alle Grundschulen des Landes umzuwandeln: Hamburg „Verlässliche Grundschule"; Rheinland-Pfalz „Volle Halbtagsgrundschule"; Mecklenburg-Vorpommern „Grundschule mit festen Öffnungszeiten", Niedersachsen

„Verlässliche Grundschule“, Bayern „Kind- und familiengerechte Grundschule“. Andere Länder sind dabei, neue Konzepte für alle Grundschulen des Landes zu erarbeiten, z.B.: Baden-Württemberg, Berlin.

Die Grundschule erfreut sich derzeit einer erhöhten Aufmerksamkeit; die Landesregierungen sind auch bereit, zusätzliche Ressourcen in die Grundschulen zu bringen. Werden sie ausreichen, um den Ausbau zu einer 5-Zeitstunden-Schule zu ermöglichen? Noch schwanken verschiedene Bundesländer zwischen Stundenschule mit Betreuung und einer „Ganzen“ Halbtagsgrundschule für alle Kinder, die auch eine neue Lernkultur in der Grundschule ermöglichen soll. Die folgenden Strukturmerkmale zeigen die Entwicklungsaufgaben und geben Maßstäbe für die Konzepte der Länder und Schulen.

## Strukturmerkmal: Zeitlicher Rahmen

Die Kinder sind täglich 5 Zeitstunden in der Schule. Lehrerinnen und Lehrer sind für die Gestaltung des gesamten Schulvormittags verantwortlich. In dem Konzept „volle Halbtagsgrundschule“, das bis 1999 in Niedersachsen entwickelt und realisiert wurde, und in dem Konzept „verlässliche Halbtagsgrundschule“ von Hamburg sind für alle Kinder 5 Zeitstunden verbindliche Schulzeit vorgesehen. Andere Länder (z.B. Hessen, Rheinland-Pfalz, Niedersachsen seit 1999) unterscheiden zwischen einer verbindlichen Schulzeit für alle Kinder und Angebotszeiten (Gleitzeit am Anfang und am Ende des Schultages, Arbeitsgemeinschaften). Für dieses Konzept gibt es gute pädagogische Argumente, aber vor allem ressourcenbedingte Gründe. In Hamburg z.B. können die Schulen in ihr Konzept einen offenen Anfang einbauen, ohne dass dies zu einer Reduktion der Lehrerzuweisung führt. In anderen Ländern können die Schulen „im Rahmen ihrer Möglichkeiten“ die verbindlichen Schulzeiten (Rheinland-Pfalz 8.00–12.00 Uhr für 1. und 2. Schuljahr; 8.00 bis 13.00 Uhr für 3. und 4.

Schuljahr; Hessen 20 Zeitstunden für 1. und 2. Schuljahr, 25 Zeitstunden für das 3. und 4. Schuljahr) erweitern, ohne dass diese Zeiten in die Bedarfsberechnungen eingehen. In Bayern wird der Zeitrahmen erweitert: Der Schulvormittag soll verlässlich von 7.30 bis 13.00 Uhr dauern. Die einzelne Schule wird aufgefordert in Kooperation mit Kommune, Eltern und Jugendhilfe ein schulbezogenes Konzept zu erarbeiten.

## Strukturmerkmal: Rhythmisierter Schulvormittag

Die zentrale Begründung dafür, Zeiten und Rhythmen des Grundschulvormittages zu ändern und abweichend von der traditionellen 45-Minuten-Schule zu gestalten, liegt in der veränderten Auffassung vom Lernen der Kinder und in der Erfahrung, dass heutige Kinder mit sehr unterschiedlichen Vorerfahrungen zur Schule kommen. Die Differenziertheit der Lernprozesse stellt die Schule vor hohe Anforderungen. Sie muss auf die Unterschiedlichkeit kindlichen Lernens mit differenzierten Methoden und unterschiedlichen Organisationsformen reagieren und der Tatsache Rechnung tragen, dass Lernen ein höchst individueller, aktiver und eigenverantwortlicher Vorgang ist. Dem versucht der rhythmisierte Schulvormittag Rechnung zu tragen:

- Offener Anfang: Erfahrungen mit dem offenen Anfang zeigen, dass dies ein Schlüssel zu einer veränderten Gestaltung des Schulvormittages ist: Jedes Kind kommt im vorgegebenen Zeitrahmen von in der Regel 30 Minuten zur Schule, wählt eigenverantwortlich seine Tätigkeiten, Spiel- oder Gesprächspartner, Lehrerinnen und Lehrer beobachten, begleiten und stehen als Spiel- und Gesprächspartner zur Verfügung.

  Motivation und Verhalten der Kinder werden durch diesen veränderten Schulbeginn entscheidend beeinflusst. Die Kinder kommen zur Schule und wissen, was sie tun können; sie entscheiden auf dem Schulweg, was sie tun werden; sie müssen nicht warten, bis ihnen die Lehrerin sagt, was sie tun sollen. Aggressives Verhalten wird abgebaut, soziale Interaktion, Selbständigkeit und Selbstbestimmung gefordert und gefördert.

- Fachunterricht: Er wird in den Kontext von freier Arbeit, Wochenplan- und Projektarbeit eingebunden; auch Fachunterricht mit Fachlehrern, z. B.: für Religionsunterricht oder Sport stellt die rhythmisierte Wochenstruktur nicht prinzipiell in Frage. Spiel- und Bewegungszeit sowie gemeinsames Frühstück und aktive Spielpause sind mit „unterrichtsfreier Zeit" nicht hinreichend definiert, sie sind pädagogisch zu gestaltende Elemente des rhythmisierten Schulvormittages und tragen dazu bei, Erziehungs- und Bildungsaufgaben der Grundschule zu realisieren; sie sind Schul- bzw. Unterrichtszeit.
- Förderunterricht: Er findet seinen Platz vor allem in binnendifferenzierenden Arbeitsphasen. Durch offene Lernsituationen, freie Arbeitszeiten oder Wochenplanarbeit wird es den Kindern ermöglicht, ihre Fähigkeiten, Interessen und Neigungen einzubringen. Förderunterricht ist Teil des Klassenunterrichts oder zeitlich befristet in enger Bindung an den Klassenunterricht organisiert. Jeder Unterricht ist immer Förderunterricht. Daher darf es auch nicht zu einer Auslagerung des Förderunterrichts auf den Nachmittag kommen.

## Strukturmerkmal: Zeit als Qualitätsfaktor

Zusätzliche Schulzeit soll vor allem die Rhythmisierung des Unterrichtsvormittags erleichtern, den 45-Minuten-Takt ablösen und durch einen kindgerechten Arbeitsrhythmus mit Belastungs- und Entlastungsphasen ersetzen. Zusätzliche Zeit dient der „Entdichtung", erleichtert innere Differenzierung und freie Arbeit, regt Kooperation zwischen Lehrern, Kindern und Eltern an, fördert Selbständigkeit und Selbstverantwortung der Kinder. Wenn die Zeit von 8 bis 13 Uhr nicht als quantitative Ausweitung von herkömmlichem Unterricht, sondern als Chance für eine veränderte Gestaltung des Schulvormittages mit angemessenen Phasen der Anspannung und Entspannung gesehen wird, werden Kinder nicht überfordert sein. Kinder in deutschen Grundschulen leiden gerade darunter, dass alles sehr schnell gehen muss, gemeinsames Spielen kaum möglich ist und soziale Interaktion nur begrenzt stattfinden kann. Eine "Verdichtung der Arbeitsabläufe" führt in der Schule nicht zu einer Produktivitätssteigerung, sondern eher zu Hektik und Störungen der Lernprozesse. Um der häufig beklagten Vereinzelung der Kinder entgegenzuwirken, bedarf es Formen gemeinschaftlichen Zusammenlebens und Arbeitens in der Schule. Hierfür schafft ein erweiterter zeitlicher Rahmen die Voraussetzungen.

Die Stundentafel für die Grundschule soll daher sowohl die Zeitanteile für die Fächer und Lernbereiche als auch die Zeitanteile enthalten, die der schulischen Gestaltung bedürfen wie Spiel- und Bewegungszeit, offener Anfang, gemeinsames Frühstück, aktive Spielpause. Eine Erhöhung der Schülerstunden wird von allen Ländern vorgenommen, die sich in Richtung ganze Halbtagsgrundschule bewegen. In Hamburg werden die Schülerstunden für die Klassen 1–4 sukzessiv auf 27 Stunden (45 Minuten) angehoben. Hiervon sind 4 Stunden im 1./2. Schuljahr für „offene Eingangs-/ und/oder Schlussphase" ausgewiesen.

Rheinland-Pfalz erhöhte die Unterrichtszeit in den Klassen 1–4 um wöchentlich 40 Minuten. Die Dauer einer Unterrichtsstunde wird auf 50 Minuten erhöht.

**KONZEPT**
**2. Abschnitt**

## Die neue Stundentafel

Abbildung 1 zeigt die Stundentafel für die Verlässliche Halbtagsgrundschule im Vergleich zur bisherigen Stundentafel.

| | Klasse 1 | | Klasse 2 | | Klasse 3 | | Klasse 4 | |
|---|---|---|---|---|---|---|---|---|
| | **bisher** | **neu** | **bisher** | **neu** | **bisher** | **neu** | **bisher** | **neu** |
| 1. Pflichtfächer | | | | | | | | |
| Deutsch | | | 6 | 6 | 5 | 5 | 5 | 5 |
| Mathematik | | | 5 | 5 | 5 | 5 | 4 | 4 |
| Sachunterricht | | | 3 | 3 | 5 | 4 | 5 | 5 |
| Musische Erziehung* | 18 | 19 | | (5) | | (4) | | (4) |
| – Musik/Bildende Kunst | | | 4 | 4 | 3 | 3 | 4 | 3 |
| – Wahlpflicht | | | – | 1 | – | 1 | – | 1 |
| Religion | | | – | – | 2 | 2 | 2 | 2 |
| Englisch | – | – | – | – | –/2** | 2 | –*** | 2 |
| Sport | 2 | 2 | 3 | 3 | 3 | 3 | 3 | 3 |
| Freie Gestaltung | 3**** | 2 | 2 | 1 | – | 2 | – | 2 |
| 2. Offene Eingangs- und/oder Schlussphase | – | 4 | – | 4 | – | – | – | – |
| **Schülergrundstunden** | 23 | 27 | 23 | 27 | 23/25** | 27 | 23 | 27 |
| Teilung, Differenzierung, Förderung | 4 | 4 | 4 | 4 | 4 | 4 | 4 | 4 |
| **Lehrerstunden** | **27** | **31** | **27** | **31** | **27/29**** | **31** | **27** | **31** |

**Abb. 1: Stundentafel**

* Im Rahmen der dafür geeigneten Fächer – insbesondere im Wahlpflichtbereich „Musische Erziehung" und der „Freien Gestaltung" – ist das Darstellende Spiel zu berücksichtigen.
** Einführungszeitpunkt: Region A 1995/96, Region B 1996/97, Region C 1997/98, Region D 1998/99
*** Einführungszeitpunkt: jeweils mit Einführung der Verlässlichen Halbtagsgrundschule
**** Eine der drei Stunden „Freie Gestaltung" kann alternativ für den Wahlpflichtbereich „Musische Erziehung" vorgesehen werden.

Aus: Verlässliche Halbtagsgrundschule, Behörde für Schule, Jugend und Berufsbildung (Hrsg.), Freie und Hansestadt Hamburg, Hamburg 1996, S. 10.

# Strukturmerkmal: Personal

Die Schulzeit von 8.00 bis 13.00 Uhr für alle Kinder sollte durch Lehrkräfte gestaltet werden, um eine Trennung zwischen unterrichtlichen und betreuenden Tätigkeiten zu verhindern. Unterrichten, Erziehen, Betreuen sind Dimensionen pädagogischen Handelns in der Grundschule – keine additiv zusammenfügbaren Bereiche des Schulvormittages. Daher sollte der Schulvormittag in 3 Unterrichtsblöcke eingeteilt werden, in die auch Spiel- und Bewegungszeiten, Pausenzeiten und gemeinsames Frühstück einbezogen sind.

Hamburg und Bayern erfüllen derzeit die alte Forderung: „Für jede Klasse einen Lehrer!“, Hamburg, weil es das Konzept der ganzen Halbtagsgrundschule nahezu idealtypisch realisiert, Bayern, weil es für die Klassen 1–4 101 Unterrichtsstunden ausweist. Andere Bundesländer (Rheinland-Pfalz: 100; Niedersachsen: 92 Schülerstunden) bewegen sich in diese Richtung.

## Strukturmerkmal: Verlässlichkeit

Mit „ganzen Halbtagsgrundschulen“ verbindet sich die Erwartung der Öffentlichkeit, dass kein Kind vorzeitig nach Hause geschickt wird. Ein schulbezogenes Vertretungskonzept und eine Vertretungsreserve sind erforderlich.

Hamburg stellt für die Absicherung des Zeitrahmens von 8.00 bis 13.00 Uhr pro Klasse eine Lehrerwochenstunde zur Verfügung. Rheinland-Pfalz hat eine „Lehrerfeuerwehr“ eingerichtet: 66 Lehrkräfte mit 2/3 Verträgen, befristet auf ein Jahr. Eine Lehrkraft ist für ca. 20 Schulen vorgesehen. Sie erhalten bei Einstellung einen Bonus von 0,5. Niedersachsen beabsichtigt, den Schulen budgetierte Personalmittel für eine 5%ige Vertretungsreserve zuzuweisen. Dieser Lösungsweg, mit der Möglichkeit budgetierter Personalmittel zu arbeiten, ist zukunftsweisend. Er ermöglicht flexible Lösungen vor Ort und unterstützt die Eigenständigkeit der einzelnen Schule. In diesem Kontext sind auch die Möglichkeiten ergänzender Angebote zu prüfen.

## Strukturmerkmal: Ergänzende Angebote

Mit zusätzlichen schulischen und außerschulischen Angeboten kann die Arbeit der ganzen Halbtagsgrundschule gestützt, die zeitliche Verlässlichkeit erhöht und der Zeitrahmen ausgeweitet werden. Hausaufgabenhilfe, Betreuungsangebote durch außerschulische Träger, Hort, Elternmitarbeit und Angebote anderer Institutionen durch die Öffnung der Schule zu ihrem Umfeld sind die bekanntesten und wichtigsten Formen bzw. Kategorien für diese ergänzenden Angebote.

In vielen alten und auch neuen Bundesländern besteht die Gefahr, dass die ergänzenden Angebote den Umbau und die Entwicklung der Grundschule zur ganzen Halbtagsgrundschule behindern oder sogar ersetzen sollen. Wenn z. B. Nordrhein-Westfalen die Grundschule von 8.00 bis 13.00 Uhr propagiert, dann ist dies begrüßenswert, aber bei weitem nicht ausreichend, da sich dahinter nur die Möglichkeit verbirgt, an jeder Grundschule ein Betreuungsangebot einzurichten, nicht jedoch die 5-Zeitstunden-Schule für alle Kinder zu realisieren. Das niedersächsische und bayrische Konzept stehen in Gefahr, die pädagogischen Anliegen zugunsten familienpolitischer Ziele zurückzudrängen. Betreuungsangebote für eine begrenzte Anzahl der Kinder können die konzeptionellen und strukturellen Veränderungen des Schulvormittags für alle Kinder nicht ersetzen. Sie bleiben „Bikini-Modelle“.

## Strukturmerkmal: Arbeitszeit

Es besteht ein enger Zusammenhang zwischen der strukturellen Veränderung der Schule und den Veränderungen der Arbeitszeitregelungen. Lernen braucht heute andere Strukturen, aber auch Lehren braucht andere Möglichkeiten. Die Fixierung für Lehrerarbeitszeit auf die Unterrichtslektion in 45-Minuten-Einheiten wird obsolet angesichts eines rhythmisierten Schulvormittages, aber auch angesichts der Debatte um die höhere Eigenständigkeit der Einzelschule. Wenn der 45-Minuten-Takt als Gliederungsprinzip weitgehend aufgegeben wird, ist die Fixierung der Arbeitszeit auf die Unterrichtsstunde dysfunktional. Wenn die Einzelschule als pädagogische Handlungseinheit, als Subjekt ihrer Entwicklung gestärkt werden soll, kann dies sicher nicht durch eine Arbeitszeitregelung geschehen, die auf einem Verrechnungspositivismus aufbaut. Veränderte Arbeitszeiten müssen im Kontext der höheren Eigenständigkeit der Schule auch die Gestaltungsräume der einzelnen Schule erweitern.

Die Komplexität der Erziehungs- und Bildungsaufgaben macht es erforderlich, dass Personen mit unterschiedlichen Arbeitsschwerpunkten zusammenarbeiten. Sollen die unterschiedlichen Kompetenzen der Lehrkräfte nicht nur einer Klasse, sondern der Schule als pädagogischer Handlungseinheit zugute kommen, bedarf es der engen Kooperation und Teamarbeit. Austausch und gemeinsame Planung von Vorhaben sowie gemeinsame Deutung von Problemkonstellationen erleichtern das „Überleben“ an der Schule, stärken die Professionalität der Arbeit und führen vor allem zu einer psychischen Entlastung, da für die vielen ungelösten und vielfach unlösbaren pädagogischen Probleme die Verantwortung gemeinsam getragen wird.

Diese Erfahrungen in Schulen führen zu dem Vorschlag, dass die Schulen Zeitpläne für ein Schuljahr bzw. für ein Schulhalbjahr erstellen, in denen die Unterrichtszeiten, die Zeiten für vorgesehene schulische Veranstaltungen ebenso aufgeführt werden wie Konferenzzeiten, Fortbildungszeiten, pädagogische Tage und andere Zeiten der Kooperation der Lehrkräfte. Grundsätzlich sollte bei Vollzeitkräften die Schulzeit für die Kinder auch verbindliche Arbeitszeit in der Schule sein. 26 Zeitstunden am Schulvormittag und ca. 2 Zeitstunden für Koordination und Kooperation an einem Schulnachmittag in der Woche werden von diesem veränderten System gefordert.

## Strukturmerkmal: Prozessbegleitung

Ganze Halbtagsgrundschule ist eine komplexe und anspruchsvolle Schulentwicklungsaufgabe, die einer adäquaten Prozessbegleitung und -beratung bedarf. Reformprozesse sind mühsam und immer gefährdet, da sie Routinen in Frage stellen, Veränderungen verlangen und Ungewissheit auslösen.

Schulen werden heute als lernende Organisationen verstanden; Schule entwickelt sich. Prozessbegleitung setzt daher an der Bereitschaft der Schule an, ihre Entwicklung selbst in die Hand zu nehmen. Sie unterstützt die Schule, ihre Potenziale zu entdecken und ihre Ressourcen zu nutzen. Um ein Scheitern aufgrund mangelnder Planung, Steuerung und Implementation der Ergebnisse zu verhindern, sind zuverlässige Rahmenvorgaben und professionelle Prozessberatung erforderlich.

## Erweiterte Halbtagsschule

In der aktuellen pädagogischen und bildungspolitischen Diskussion geht es um eine Weiterentwicklung der Grundschule, in der die Frontstellung von Vormittagsschule und Ganztagsschule überwunden wird. In nahezu allen Bundesländern wurden inzwischen Lösungsansätze entwickelt, die der familienpolitischen Forderung nach erweiterten und verlässlichen Öffnungszeiten Rechnung tragen. Wenn Betreuungseinrichtungen nicht mehr nur bestimmten Kindern aufgrund bestimmter familiärer Verhältnisse offen stehen sollen, sondern grundsätzlich allen Kindern, so ist es Normalität (nicht Sonderfall), dass Kinder und Familien heute zusätzlicher öffentlicher Betreuungseinrichtungen bedürfen.

Hort und *Betreuungseinrichtungen* (Spiel- und Kinderhäuser, Lesestuben, Clubs und Werkstätten) haben einen die Schule ergänzenden Bildungs- und Erziehungsauftrag, der sich vornehmlich sozialpädagogisch definiert und sich in entsprechenden Arbeitsformen bzw. -weisen realisiert. Betreuungsangebote in additiver und kooperativer Form am Vormittag, über den Vormittag hinaus oder in enger Kooperation mit einem Hort oder einem Kinderhaus haben positive Wirkungen auf Schule und Familie, sind förderlich für die Kinder.

Eine reine Addition von Stundenschule und Betreuungsangeboten ist aus pädagogischer Sicht jedoch die schlechteste Lösung, da die Bildungs- und Erziehungsbedürfnisse der Kinder in einer veränderten Umwelt nicht im Zentrum des Interesses stehen, sondern die Aufbewahrung und Beaufsichtigung der Kinder aufgrund von Betreuungsproblemen der Familien. Erforderlich ist ein ganzheitliches pädagogisches Konzept mit offenem Anfang, Gleitzeiten, offenen Lern- und Spielangeboten, kurz: eine Rhythmisierung des Schulvormittages im Rahmen von festen Öffnungszeiten. Es geht um die pädagogische Gestaltung der Grundschule für alle Schüler. Außerschulische Träger kommen als Kooperationspartner hinzu. Sie erleichtern es, die Öffnungszeiten an ganzen Halbtagsgrundschulen verlässlicher zu gestalten, auszuweiten und bei Bedarf einigen Schülern eine Betreuung bis in den Nachmittag zu ermöglichen. Es ergeben sich aus diesen Überlegungen drei grundsätzliche bildungspolitische Forderungen:

- Alle Grundschulen sind in den nächsten Jahren zu ganzen Halbtagsgrundschulen weiterzuentwickeln. Dazu bedarf es der Bereitstellung der entsprechenden Ressourcen.

- Ergänzende Angebote (Mittagessen, Hausaufgabenhilfe, Freizeitangebot am Nachmittag) sollen an ganzen Halbtagsgrundschulen in Zusammenarbeit mit außerschulischen Trägern eingerichtet werden.

- Bei Bedarf sollen vor allem an Grundschulen mit Schülern, die besondere soziale und pädagogische Probleme stellen, Ganztagseinrichtungen geschaffen werden.

Der Wandel der Familien und der Wandel der Kindheit sind die entscheidenden Orientierungsfelder für eine Reform der Grundschule. Die konzeptionelle und strukturelle Reform der Grundschule ist in vollem Gange. Es gilt, die pädagogischen Belange zu sichern und die Programmatik einer erweiterten Gundschule für eine qualitative Änderung der Lernkultur zu nutzen.

# Literatur

BURK, KARLHEINZ (Hrsg.): Die Ganze Halbtagsschule – Grundschule mit festen Öffnungszeiten. Arbeitskreis Grundschule, 3. Aufl., Frankfurt a.M. 2000.

BURK, KARLHEINZ / RONTE-RASCH, BARBARA / THURN, BERNHARD u. a.: Grundschule mit festen Öffnungszeiten. Weinheim und Basel 1998.

HOLTAPPELS, HEINZ GÜNTER: Ganztagserziehung in der Schule. Opladen 1995.

HOLTAPPELS, HEINZ GÜNTER: Grundschule bis mittags. Dortmund 1997.

MESSNER, RUDOLF: Die Rhythmisierung des Schultages. Erfahrungen und pädagogische Überlegungen zu einem dringlich gewordenen Problem. In: KUBINA, CHRISTIAN / LAMBRECHT, HANS-JÜRGEN (Hrsg.): Die Ganztagsschule, Bestandsaufnahme – Grundlegung – Perspektiven. Wiesbaden 1991, S. 54–66.

SCHMITT, RUDOLF: Grundschule in Europa – Europa in der Grundschule. Frankfurt/M 1992.

WARNKEN, GÜNTER: Die volle Halbtagsschule – eine Herausforderung, Schule neu zu gestalten. In: Die deutsche Schule 86(1994), Heft 3, S. 314–326.

MARGITTA KUTY

# Fremdsprachenlernen in der Grundschule

Viele Jahre, gar Jahrzehnte wurde er in Modellversuchen in (fast) allen Bundesländern erprobt und oftmals neu erfunden: der Frühe *Fremdsprachenunterricht* oder auch Frühbeginn genannt. Experten stritten über 30 Jahre über Zielstellungen, Unterrichtskonzepte und Titel und sind sich bis heute noch nicht einig. Dabei gibt es Nachbarländer wie Österreich, Norwegen oder Schweden, die inzwischen wesentlich weiter sind und an denen zu orientieren sich lohnen würde. So hat Österreich mit dem Schuljahr 1999/2000 das frühe Fremdsprachenlernen ab Klasse 1 bereits flächendeckend eingeführt. Zumindest scheint nunmehr auch in Deutschland unumstritten zu sein, dass es zu viele gute Gründe gibt, um einen frühen Beginn des Fremdsprachenlernens generell in Frage stellen zu können.

## Die Gründe

BLIESENER unterscheidet fünf Gründe:

- Physiologische Gründe:
  Das bildgesteuerte Gedächtnis des Kindes ermöglicht es, die fremde Sprache wie „einen Schwamm“ aufzusaugen, ohne sich eines abstrakten Regelwerkes oder sprachlicher Gesetzmäßigkeiten zu bedienen. Kinder speichern Wörter und Strukturen wie Wörter in der Muttersprache, da sie nur einen Abschnitt der vorderen Gehirnregion als Speicher benötigen (Erwachsene müssen sich erst einen zusätzlichen Speicher schaffen!)
- Psychologische Gründe:
  Kinder in diesem Alter gehen unbekümmert an die Aneig-

nung einer fremden Sprache heran. Sie kommunizieren unbefangen, sind sprechfreudig und wunderbare Imitatoren. Die Angst vor Fehlern fehlt ihnen (glücklicherweise), und sie nutzen ihre natürliche Neugier und Fantasie, um in der fremden Sprache ihre Mitteilungswünsche zu erfüllen.

- Kognitive Gründe:
  In bestimmten Bereichen lernen jüngere Kinder besser als ältere Schüler oder Erwachsene, in anderen wiederum zeigen sich nachhaltige Schwächen. Selbst tiefgründige wissenschaftliche Untersuchungen erlauben noch immer nicht genaueste Angaben. Daher ist es für das frühe Fremdsprachenlernen notwendig, sehr genau zu analysieren, zu welchem Zeitpunkt eine bestimmte Lernaufgabe am günstigsten erscheint.
- Emotive und attitudinale Gründe:
  Kinder lassen sich über Erfolgserlebnisse ungemein motivieren. Der Erfolg und die Anerkennung durch den Unterrichtenden schaffen eine grundsätzlich positive Grundeinstellung zum Sprachenlernen. Diese Grundeinstellung stellt sich in der Regel dann ein, wenn die Kinder Freude am Sprachenlernen haben und auch einen persönlichen Zuwachs an Können und Kompetenzen verspüren.
- Gesellschaftliche, ökonomische und politische Gründe:
  Fremdsprachenkenntnisse sind zu einem unverzichtbaren Grundbestand der allgemeinen Bildung geworden. Daher reicht es nicht mehr aus, nur bestimmten Schülergruppen erst auf der Sekundarstufe Fremdsprachen anzubieten. Alle Schüler müssen möglichst frühzeitig auf den Wettbewerb im europäischen Arbeitsmarkt vorbereitet werden. „Fremdsprachen sind heute nicht mehr ein Privileg weniger, sondern haben den Status einer Kulturtechnik wie Lesen, Schreiben und Rechnen und müssen darum für alle sein …“ (BLIESENER, 1998, S. 8ff.)

Das Fremdsprachenlernen in der Grundschule ist weithin akzeptiert und in vielen Bundesländern flächendeckend eingeführt. Mehr noch: Während man vor zehn Jahren mit 'Frühbeginn' den Beginn des Fremdsprachenlernens ab 3. Schuljahr meinte, gibt es heute bereits erfolgreiche Versuche zum Beginn in Klasse 1 (z. B. in Baden-Württemberg, Mecklenburg-Vorpommern, Thüringen) und auch in Kindergärten.

## Die Modelle

Innerhalb Europas und auch Deutschlands gibt es unterschiedliche Modelle zur Verwirklichung des Fremdsprachenlernens in der Grundschule: von der Begegnung mit Sprachen, der Integration von Fremdsprache in den Grundschulunterricht, dem Fremdsprachenunterricht als eigenständigem Lehrgang bis hin zu Ansätzen bilingualen Unterrichts. Ihnen allen (mit Ausnahme des Begegnungssprachenkonzeptes) ist gemein, dass die Kinder der Fremdsprache nicht nur begegnen, sondern sie in entsprechend altersgemäßem Umfang erwerben, sodass darauf in der Sekundarschule aufgebaut werden kann.

### Begegnung mit (fremden) Sprachen

Dieses – vorrangig in Nordrhein-Westfalen favorisierte – Modell setzt sich u. a. zum Ziel, „Interesse an Sprachen und Freude am Umgang mit ihnen zu wecken (language awareness), die Gleichwertigkeit der Sprachen und Kulturen bewusst zu machen und dadurch einen Beitrag zur interkulturellen Erziehung zu leisten … es geht nicht darum, möglichst früh und möglichst intensiv fremdsprachliche Kompetenzen … anzubahnen, sondern in konkreten Zusammenhängen (fremd-)sprachlichen Lernens Verständnis für Mehrsprachigkeit und Multikulturalität zu gewinnen" (THÜRMANN, 1994, S. 16) Daher werden unterschiedliche Sprachen von Kindern anderer ethnischer und kultureller Herkunft wie z. B. Türkisch oder Italienisch in großen Städten des Ruhrgebietes oder Niederländisch bzw. Französisch in Grenzgebieten in den Grundschulunterricht integriert. An eine Weiterführung in der Sekundarschule ist bei diesem Modell nur in Ansätzen gedacht. Neuere Entwicklungen in Nordrhein-Westfalen und in der Bundesrepublik Deutschland machen jedoch deutlich, dass sich dieses Modell wohl nicht durchsetzen wird.

## Integriertes Fremdsprachenlernen

Dieses Modell findet sich in den Beschreibungen der Konzepte der meisten Bundesländer. Hierbei beschäftigen sich die Kinder mit nur einer Fremdsprache (vorrangig Englisch, aber auch Französisch, andere Fremdsprachen wie Russich oder Niederländisch stehen im Angebot, werden jedoch selten genutzt). Zentrales Ziel ist es, bei den Kindern Freude am Fremdsprachenlernen zu wecken und positive Einstellungen gegenüber der Zielsprache und ihrer Kultur anzubahnen. Der Unterricht folgt nicht einer linearen grammatischen Progression, sondern orientiert sich an inhaltlichen Kernen, die in konzentrischen Kreisen erweitert werden (KAHL, KNEBLER, 1996, S. 7). Die Inhalte beziehen sich auf die in den Rahmenplänen der Grundschule verankerten Themenbereiche, sodass eine Integrierung der Fremdsprache in den Gesamtunterricht möglich wird. Das macht jedoch den Einsatz von Grundschullehrern mit fremdsprachlicher Qualifikation notwendig, die gleichzeitig als Klassenlehrer in der Klasse fungieren. Da dies vielerorts noch nicht flächendeckend gesichert ist, werden ein- bis zweimal wöchentlich (je 45 min) Lehrkräfte „von außen" tätig.

### Fremdsprachenlernen mit Lehrgangscharakter

Der Unterschied zum integrierten Modell besteht hierbei darin, dass der Fremdsprachenunterricht als eigenständiger Unterricht läuft, der sich zwar thematisch an den Kernbereichen der Grundschule orientiert, aber zeitlich und organisatorisch auch losgelöst davon stattfinden kann. Dieser Unterricht findet häufig dann Anwendung, wenn ausgebildete Grundschullehrer als Fremdsprachen-, also Fachlehrer tätig werden und die Fremdsprachenstunden ihren festen Platz im Stundenplan haben. Die Gefahr eines linearen und progressionsorientierten Fachunterrichts liegt bei diesem Modell sehr nahe und würde dem grundschulspezifischen Anliegen eher entgegenwirken.

## Grundzüge von Immersion und bilingualem Unterricht

„Bei bilingualem Unterricht erfolgt der Unterricht in zwei Sprachen und zwar so, dass ein Teil der Fächer in der Muttersprache und der andere in der zu lernenden Fremdsprache unterrichtet wird. Das bedeutet, dass die Fremdsprache über den eigentlichen Fremdsprachenunterricht hinaus auch in anderen Fächern als Unterrichtssprache eingesetzt wird" (WODE, 1995, S. 8).

Dieses Modell findet sich derzeitig vorrangig in Europa- oder Internationalen Schulen (z.B. Berlin oder Hamburg), in denen Kinder unterschiedlicher Nationalitäten von den entsprechenden deutschen Lehrern und fremdsprachigen Muttersprachlern gemeinsam unterrichtet werden. Es hat sich bisher nicht als ein überzeugendes Modell für alle Grundschüler erwiesen.

## Fremdsprachen an Waldorfschulen

Überlegungen zum Fremdsprachenlernen im Kindesalter gab es in der Waldorfpädagogik schon in den zwanziger Jahren. An Waldorfschulen lernen alle Kinder ab der 1. Klasse zwei Fremdsprachen. 'Entscheidend für die ersten drei Jahre des Fremdsprachenunterrichts der Waldorfschule ist, dass ihm vor allem die noch vorhandene Nachahmungsfähigkeit des kleineren Kindes als Grundlage dient. Da das Kind im Allgemeinen noch bis zum neunten, zehnten Lebensjahr ein unreflektiertes

Verhältnis zur Sprache hat, kann es auch in dieser Zeit beim einsprachigen Unterricht am besten das Gefühl für die andere Sprache ausbilden (JAFFKE, MAIER, 1997, S. 30ff.). Der Fremdsprachenunterricht in den ersten drei Lernjahren ist geprägt von der direkten Methode: Nachahmung und motorisches Mitvollziehen. Elemente dieser Methode finden sich auch in den anderen o. g. Konzepten.

## Prinzipien des Fremdsprachenlernens

Allen Modellen ist gemein, dass sie die Psyche des Kindes im Grundschulalter beachten und einen grundschulspezifischen Ansatz propagieren. Nachfolgend aufgeführte Prinzipien finden sich jedoch hauptsächlich in den Unterrichtsformen, die auf den drei zuerst beschriebenen Modellen beruhen.

### Themenwahl

Grundschulgemäßer Fremdsprachenunterricht mit kommunikativer und interkultureller Zielsetzung setzt zunächst eine Auswahl an Themen voraus, die den Neigungen, Interessen und Erfahrungen der Kinder entsprechen. Dazu gehören neben Alltagsthemen auch imaginäre Situationen aus der Fantasiewelt der Kinder. Grundsätzlich orientiert sich der Unterrichtende an den entsprechenden Bereichen in den Rahmenplänen der Grundschule.

### Interkulturelles Lernen

Die Beschäftigung mit der Kultur des Sprachziellandes ist aufs Engste mit dem Prozess des Fremdsprachenlernens verbunden. Einsichten in andere Lebensweisen, landestypische Umgangsformen und Gesprächsmuster fördern langfristig die Entwicklung einer interkulturellen Kompetenz. Durch den Vergleich zur gewohnten Umwelt und das Kennenlernen von Unterschieden zur eigenen Lebensweise lernen die Kinder,

Andersartigkeiten zu akzeptieren und landestypische Besonderheiten zu achten.

## Ganzheitlichkeit

Grundschulkinder lernen sinnlich-anschaulich, d. h. sie erfassen ihre Umwelt sinnlich und konkret. Daher liegt die Spezifik des Fremdsprachenlernens in der Grundschule in der ganzheitlichen Herangehensweise, d.h. alle Sinne sind gleichermaßen anzusprechen. Gelegenheiten bieten sich dazu sowohl im affektiven und motorischen als auch in Ansätzen im kognitiven Bereich. Die meisten Kinder verfügen über ein gutes Vorstellungsvermögen, eine rege Fantasie und kreative Einfälle (auch und vor allem im zwanglosen Umgang mit der fremden Sprache), die es im Unterricht zu nutzen gilt. Lieder, Reime, pantomimische Darstellungen, Erfinden von Geschichten, rhythmisches und motorisches Handeln, Zeichnen, Malen, Basteln etc. gehören in sinnvollem Wechsel in jede fremdsprachige Phase.

## Handelndes Lernen

Der Unterricht erfolgt in kindgemäßen und für die Schüler erlebbaren Situationen. Dabei ist die enge Verbindung von Sprechen und Handeln von ganz besonderer Bedeutung. In Rollenspielen, d. h. in simulierter Kommunikation, wird die erste Bewältigung alltäglicher Situationen innerhalb und außerhalb von Schule vorbereitet.

## Spielen und Lernen

Kinder entdecken und erkunden ihre Umwelt in und durch Tätigkeiten. Verschiedene Formen des Spielens ermöglichen den Kindern den Umgang miteinander und den Zugang zu ihrer Umgebung. Lernspielerische Übungsformen fördern das lust- und freudbetonte Lernen. Spielerische Aktivitäten sind mit Spracherwerb zu verbinden.

## Authentizität

Bei der Auswahl von Materialien gilt das Prinzip der Authentiziät. Landeskundliche Informationen sollten immer dem aktuellen Stand entsprechen, Anschauungsmaterial möglichst aus dem Zielland stammen und Redemittel idiomatisch verwendet werden.

## Erfolgserlebnisse

Lern- und Arbeitsfreude, Motivation und Anstrengungsbereitschaft hängen in starkem Maße vom erreichten Erfolg ab. Eine Bewertung in Form einer Note ist jedoch nicht geeignet, Erfolge zu messen. Andere Formen zur Schaffung von Erfolgserlebnissen könnten sein: das Verfolgen eines Spielziels, das Erstellen / Fertigstellen eines Posters oder Themenheftes, das Darstellen eines Stückes oder das Erfinden einer Geschichte.

## Ständige Wiederholung

So schnell und scheinbar leicht die Schüler in diesem Alter neue Lexik und Strukturen aufnehmen, so bald vergessen sie sie auch. Dem kann nur durch ständige Wiederholungen der bereits bekannten sprachlichen Mittel entgegengewirkt werden. Dabei wird Neues geschickt mit Bekanntem verbunden. Wortschatzsammlungen, thematische Übersichten, Reime, Lieder, Gedichte etc. können dies unterstützen und fördern.

## Schulumfeld

Wenn möglich sollte im gesamten Schulgebäude z. B. durch Begrüßungsschilder an der Eingangstür oder Wegweiser an Säulen und Wänden in der Fremdsprache auf die Fremdsprache aufmerksam gemacht werden. Unterrichtsräume könnten mit Gegenständen oder anderen visuellen Materialien aus dem Zielland ausgestattet sein. Dadurch wird ein mittelbarer Einfluss auf die Einstellungen und Haltungen von Lehrern, Eltern und Schülern genommen.

## Anforderungen an den Lehrer

Neben den weitgehend bekannten *Kompetenzen*, die ein Grundschullehrer für den Umgang mit und den Unterricht von Kindern im Alter von 8–10 benötigt, stellt der Fremdsprachenunterricht weitere spezifische Anforderungen an ihn.

Grundschullehrer sollten über eine hohe fremdprachliche Kompetenz verfügen, denn nur, wenn sie in der Lage sind, frei mit der Fremdsprache umzugehen, gelingt es auch, den Erwerb fremdsprachlicher Mittel geschickt mit erzieherischen Zielen zu verbinden. Kompetenzen, die die inhaltliche Gestaltung des Lernprozesses betreffen, sind eng mit der fremdsprachlichen Kompetenz verbunden. Lehrer müssen u.a. über die Fähigkeit verfügen, geeignete Lernmaterialien zu finden und authentisches Material zu sichten und kindgerecht aufzubereiten.Die interkulturelle Kompetenz des Lehrers ist eine weitere, nicht zu übersehende Größe. Begeisterung für das Fach, enge Beziehungen zu Land und Leuten der zu vermittelnden Sprache und die Fähigkeit, den Schülern das Erkennen des Anderssein als ersten Schritt auf dem Weg zum Verständnis zu erleichtern, sind wichtige Parameter. Die Spezifik des Fremdsprachenlernens in der Grundschule bedarf einer besonderen didaktisch-methodischen Kompetenz des Lehrers. Eine Synthese von grundschuladäquaten und fachdidaktischen Lernansätzen ist nötig, um entsprechend den Bedürfnissen der Grundschüler ergebnisorientierten Unterricht zu gewährleisten (KARBE, 1998, S. 64ff.).

## Lernmaterialien

Auch hier gehen die Meinungen verschiedener Experten auseinander. Entsprechend der Konzepte, die favorisiert werden, meinen manche, es sei keinerlei Material notwendig. Andere wiederum gehen davon aus, dass aufbereitete (sprachlich, inhaltlich und gestalterisch) Materialien als Grundlage für einen progressionsorientierten Lernprozess sehr hilfreich sein können. Auf dem Markt ist in den letzten Jahren ein regelrechter Boom ausgebrochen, sodass es inzwischen schwer fällt, auf dem neuesten Stand zu bleiben und vor allem sich bei der Flut an Angeboten für das richtige Material zu entscheiden. Eine gründliche Prüfung aller angebotenen Materialien ist unbedingt zu empfehlen. Bei aller Bedeutsamkeit, die man Lernmaterialien beimessen kann, darf das Fremdsprachenlernen aber keinesfalls auf das Abarbeiten von Arbeitsheften und Büchern beschränkt werden. Vielmehr muss sich der Lehrer um eine umfangreiche Sammlung verschiedener Materialien, Lieder, Reime, Geschichten, Rätsel, Märchen und landeskundlicher Hintergrundinformationen bemühen. Schüler empfinden es zudem als sehr motivierend, wenn sie in einem Hefter alle erarbeiteten und/oder selbst hergestellten Materialien sammeln können. Mit den Schülern erstellte Themenhefte sind ebenfalls nur zu begrüßen.

## Problemfelder

### Das Curriculum

Die Frage, ob ein Curriculum auch für das Fremdsprachenlernen in der Grundschule nötig ist oder nicht, erhitzt nach wie vor die Gemüter von bestimmten Konzeptverfechtern. Ganz sicher ist das Lernen in der Grundschule eigenen didaktischen und methodischen Prinzipien verpflichtet und darf daher nicht dazu führen, dass der Fremdsprachenunterricht der Sekundarstufe einfach vorgezogen wird. Demgegenüber kann das Lernen in der Grundschule jedoch auch nicht unverbindlich sein, soll der Lehrer der Sekundarstufe darauf aufbauen. Insofern ist ein Curriculum als eine Orientierung sowohl für die Arbeit des Grundschullehrers als auch des Sekundarschullehrers von großer Bedeutung.

## Umgang mit dem Lesen und Schreiben

In einigen Modellen und Konzepten wird der Einsatz des fremdsprachigen Schriftbildes grundsätzlich negiert. Die Argumentation richtet sich vor allem darauf, dass die Schüler sich zunächst auf die Schriftsprache der eigenen Muttersprache konzentrieren sollen, bevor sie mit fremdsprachigen Schriftbildern konfrontiert werden. Mit Beginn des 3. Schuljahres ist der grundlegende Schreibkurs in der Muttersprache für die meisten Schüler jedoch bereits abgeschlossen. Zudem treffen die Kinder in ihrer Umwelt zunehmend auf Begriffe, die nicht deutscher Natur sind (Gameboy, T-Shirt, Skateboard etc.) und gehen damit völlig unbefangen um. Unterrichtserfahrungen zeigen auch, dass Schüler, denen das Schriftbild vorenthalten wurde, eigene Sprachkreationen entwickeln (Ei wud leik ...).

Daher finden sich in einigen Rahmenplänen Hinweise zum Umgang mit dem Schriftbild, die deutlich machen, dass das frühe Fremdsprachenlernen natürlich und grundsätzlich auf die mündliche Kommunikation ausgerichtet ist (Hörverstehen und Sprechen), auf eine behutsame Einbeziehung des Schriftbildes jedoch nicht verzichtet werden muss. Lesen und Schreiben haben in diesem Falle lernunterstützende Funktion.

## Bewertung

In einigen Bundesländern wurde mit der flächendeckenden Einführung des Frühbeginns ab Klasse 3 und der damit verbundenen offiziellen Aufnahme der Fremdsprache in den Fächerkanon der Grundschule auch der Ruf (teilweise von Eltern, aber auch ministerieller Seite) nach einer Benotung laut. Diesen Tendenzen konnte bisher (glücklicherweise) durch gute Argumentationen entgegengewirkt werden.

In allen Schulversuchen und Unterrichtsbegleitungen wurde deutlich, dass Schülerinnen und Schüler wunderbar ohne Noten lernen und gerade deshalb so überaus motiviert lernen, weil ihnen dieser Druck genommen ist. Gleiches gilt übrigens auch für die Arbeit des Lehrers. Verständlich erscheint dagegen der Wunsch nach Einschätzung der Ergebnisse, zu denen die Schüler bis zum Ende der Grundschulzeit im Erlernen der Fremdsprache gelangen. Hier geben derzeitig nur Orientierungen in Rahmenplänen oder die Themenhefte bzw. Hefter der Kinder Auskunft.

Die Entwicklung geht jedoch weiter. Die Diskussionen um ein Europäisches Portfolio der Sprachen, einer Initiative des Europarates, haben auch Auswirkungen auf das Fremdsprachenlernen in der Grundschule (GERLING, THÜRMANN, 1999, S. 39). Das Fremdsprachenportfolio ist zudem „ein ... Anlass, sich über Inhalte, Methodik, Arbeits- und Übungsformen und -ergebnisse des Einzelnen und von Schulklassen und -stufen Gedanken zu machen und sich auf gemeinsame und ausbauende Prinzipien zu einigen“ (PIEPHO, 2000, S. 6). Mecklenburg-Vorpommern wird im Jahr der Sprachen 2001 den Sprachenpass für alle Grundschüler einführen.

## Die Weiterführung ab Klasse 5

Der Übergang von der Grundschule in die weiterführende Schule ist grundsätzlich von besonderer Bedeutung für die Schüler. Einschneidende Veränderungen wie soziales Umfeld, Unterrichtsorganisation, Beurteilungen von Leistungen, Lehrereinsatz etc. kommen auf die Schüler zu. Lehrer sollten diese Situation richtig einschätzen und dementspechend pädagogisch verantwortlich handeln. Die Schüler sind sich des neuen Schullaufbahnabschnitts sehr wohl bewusst und erwarten eigentlich nicht, dass nun alles so weitergeht wie bisher. Sie glauben aber schon, dass das, was sie bisher gelernt haben, auch anerkannt und darauf aufbauend dann auch weiter gearbeitet wird. Hier sind die abgebenden und aufnehmenden Schulen dringend zur Kooperation und Koordination verpflichtet. Dies betrifft zum einen die Abstimmung über neue

Inhalte in der Grundschule und darauf aufbauend in der Sekundarschule und zum anderen veränderte Lern- und Unterrichtsformen.

Eine Annäherung beider Schulformen ist nicht nur für das Fremdsprachenlernen dringend geboten.

Die Entwicklungen bezüglich frühen Fremdsprachenlernens sind noch nicht abgeschlossen. Erste Ergebnisse der Modellversuche zum Erwerb einer Fremdsprache in Kindergärten und/oder mit Beginn des 1. Schuljahres erwiesen sich als positiv. Es bleibt zu hoffen, dass es gelingt, allen Kindern in Deutschland die Chance zu eröffnen, neben der deutschen Sprache mindestens eine (besser zwei) weitere Umgangs- und Arbeitssprachen zu erlernen, die es ermöglicht, flexibel auf den europaoffenen Arbeitsmarkt zu reagieren.

## Literatur

BLIESENER, ULRICH: Warum Frühbeginn? In: BLIESENER, U. / EDELENBOS, Peter: Früher Fremdsprachenunterricht. Begründungen und Praxis. Leipzig 1998.

GERLING, URSULA / THÜRMANN, EIKE: Das nordrhein-westfälische Portfolio der Sprachen für Schulen der Sekundarstufe I. In: Wege zur Mehrsprachigkeit. Informationen zu Projekten des sprachlichen und interkutlturellen Lernens. Landesinstitut für Schule und Weiterbildung, Soest 1999.

JAFFKE, CHRISTOPH / MAIER, MAGDA: Fremdsprachen für alle Kinder. Erfahrungen der Waldorfschulen mit dem Frühbeginn. Leipzig 1997.

KAHL, PETER / KNEBLER, ULRIKE: Englisch in der Grundschule- und dann? Evaluation des Hamburger Schulversuchs Englisch ab Klasse 3., Berlin 1996.

KARBE, URSULA: Lehrerkompetenzen und Anforderungen an Lehrer. In: BLIESENER, U. / EDELENBOS, P.: s. ebd.

PIEPHO, HANS-EBERHARD: Bridging the gap: Oral proficiency in English – Man muss lernen, miteinander zu reden und einander zuzuhören. In: Fremdsprachen Frühbeginn – Fort- und Weiterbildung für den Fremdsprachenunterricht in der Grundschule. München, Heft 5/2000.

THÜRMANN, EIKE / OTTEN, EDGAR: Begegnung mit Sprachen in der Grundschule und interkulturelle Erziehung. In: Begegnung mit Sprachen in der Grundschule. Reader. Lehrerfortbildung in Nordrhein-Westfalen. Landesinstitut für Schule und Weiterbildung, Soest 1994.

WODE, HENNING: Lernen in der Fremdsprache. Grundzüge von Immersion und bilingualem Unterricht. Forum Sprache. Ismaning 1995.

## Weitere empfehlenswerte Literatur

HALLIWELL, SUSAN: Teaching English in the Primary Classroom. London, New York 1992.

HELLWIG, KARLHEINZ: Fremdsprachen an Grundschulen als Spielen und Lernen. Forum Sprache. Ismaning 1995.

Kinder lernen europäische Sprachen e.V. Förderverein für frühes Fremdsprachenlernen. Leipzig, Jahrbücher.

PIEPHO, HANS-EBERHARD: Englisch in der Grundschule. Berlin 1996.

ZYDATIß, WOLFGANG: Bilingualer Unterricht in der Grundschule. Entwurf eines Spracherwerbskonzepts für zweisprachige Immersionsprogramme. Ismaning 2000.

## Aktuelle Diskussionen und praktische Anregungen für den Fremdsprachenunterricht in der Grundschule erhält man vor allem in den Zeitschriften

Fremdsprachenfrühbeginn – Fort- und Weiterbildung für den Fremdsprachenunterricht in der Grundschule. München.

Grundschulunterricht. Berlin.

ROSEMARIE BECK

# Begegnung mit Sprachen in der Grundschule – Erfahrungen und Beispiele aus einem Brandenburgischen Modellprojekt

Für die Bewältigung des Lebens in einer multikulturellen und mehrsprachigen Welt werden auf der Suche nach dem Königsweg ständig neue Konzepte, insbesondere auch für die Grundschule herausgebracht, diskutiert, erprobt und teilweise wieder verworfen. Viele Ansätze bleiben dabei zum Nachteil der Herausbildung von Aufgeschlossenheit und Toleranz auf der Strecke. Die Kommunikationsfähigkeit in einer zweiten Sprache wird durch den regulären Fremdsprachenunterricht – von einigen wenigen Ausnahmen abgesehen – ab der Jahrgangsstufe 5 entwickelt. Zu früh und zu teuer für die eine, zu spät für eine andere, völlig uninteressant für eine dritte Interessensgemeinschaft ... Viele Meinungen, Umstände, Voraussetzungen und Gegebenheiten sind zu ermitteln und zu prüfen. Die Debatte über eine eventuelle Vorverlegung des Fremdsprachenunterrichts findet wie in allen anderen Bundesländern auch in Brandenburg unter Mitwirkung der Befürworter und Gegner sehr engagiert statt. Die Verantwortung zur Herausbildung der sprachlichen Handlungsfähigkeit in einer fremden Sprache bleibt ganz sicher beim Fremdsprachenunterricht selbst und sollte keinem anderen Unterrichtsfach übertragen werden. Eine Reihe von Voraussetzungen zur Bewältigung des Lebens in einer multikulturellen und mehrsprachigen Welt können und müssen jedoch auch in anderen Unterrichtsfächern und Lernbereichen erfahrbar gemacht werden. Wenn dies nicht geschieht, ist der Fremdsprachenunterricht hoffnungslos überfordert, zumal er in den unteren Schuljahrgängen derzeit gar nicht präsent ist. Die Begegnung mit

Sprachen kann neben anderen Möglichkeiten der Sprachbegegnung und des Spracherwerbs einen zumindest kurzfristig realisierbaren Lösungsansatz bieten. Von Vorteil ist die Möglichkeit der Verknüpfung der Begegnungssprache mit anderen Fächern und Lernbereichen. Wenn das gewünscht wird, können hieraus wertvolle Beziehungen zum fachübergreifenden und fächerverbindenden interkulturellen Lernen hergeleitet, entfaltet und gepflegt werden. Ohne Zweifel wird das frühe Lernen einer zweiten Sprache durch den Umstand erleichtert, dass im alltäglichen Leben Wörter aus anderen Sprachen mit der Werbung und im täglichen Gebrauch ganz selbstverständlich verwendet werden, also mehr oder weniger unbewusst Vorkenntnisse vorhanden sind. Diese in einen gewissen Zusammenhang zu stellen und ggf. für aktives Sprachhandeln bewusst nutzbar zu machen, ist eine der Zielstellungen der Begegnung mit Sprachen.

## Begegnung mit Sprachen in der Grundschule

Fremdsprachliche Bildung hat in den alten und neuen Bundesländern traditionell einen hohen Stellenwert, der im Hinblick auf die europäische Integration und dem Zusammenwachsen Europas weiter zunehmen wird. Mobilität, Kommunikation und Sozialisierung sind ohne elementare Kenntnisse in einer oder mehreren Fremdsprachen nur schwer oder gar nicht vorstellbar. Zum schulischen *Fremdsprachenunterricht* mit seinen klassischen und über die Zeiten gewachsenen Organisationsstrukturen gesellten sich zusätzliche oder auch alternative Sprachlernmöglichkeiten.

Niemand wird bestreiten, dass sich hierfür mit der Zeit ein Markt entwickelt hat, auf dem es garantiert für alle Alters- und Niveaustufen, für den Spracherwerb als Mutter-, Fremd- oder Zweitsprache, für den individuellen oder gruppenbezogenen oder aber für noch ganz andere Adressaten oder Zielgruppen meistens mehr als ein Angebot gibt, auch für Kinder im jüngeren Schul- oder Vorschulalter. Während sich solche Angebote Anfang der 1990er-Jahre eher an traditionellen Möglichkeiten des Spracherwerbs orientierten, gibt es nunmehr nach mehrjährigen Modellprojekten in unterschiedlichen Bundesländern als wertvolle Bereicherung des Fremdsprachenspektrums die Begegnung mit Sprachen in der Grundschule.

## Der Rahmen für die Begegnung mit Sprachen

Entsprechend den Empfehlungen der Kultusministerkonferenz zur Arbeit in der Grundschule [vgl. ÜBERLEGUNGEN FÜR DEN FREMDSPRACHENUNTERRICHT, 1994. – Seite 28] sollte Schülerinnen und Schülern bereits im Grundschulalter die Möglichkeit zur Begegnung mit einer Fremdsprache geboten werden. In mehreren Modellversuchen und –projekten wurden hierzu bundesweit Erfahrungen gesammelt und überwiegend auch öffentlich ausgewertet. Übereinstimmend ist die Feststellung, dass es sich hierbei um Fremdsprachenarbeit eigener Art und mit eigener Didaktik handelt. Eine besondere Kennzeichnung stellen spielerische Lern- und Arbeitsformen dar, die individuelle Lernfortschritte ermöglichen sollen und situationsbezogen sind. Gegnern und Kritikern der Begegnung mit Sprachen erscheint dies zu unverbindlich und offen vor allem dann, wenn sie die Perspektiven und Möglichkeiten der Begegnung mit Sprachen am traditionellen Modell des Fremdsprachenunterrichts messen. Begegnung mit Sprachen ist aber kein Fremdsprachenunterricht!

EIKE THÜRMANN beschreibt in Auswertung des BLK-Modellversuches „Wege zur Mehrsprachigkeit“ die frühe An- und Bereicherung des Sprachenlernens mit der Zielsetzung, die Bereitschaft und Fähigkeit der jüngeren Lerner (hier: Jahrgangsstufen 5 und 6) zu fördern, Beobachtungen an Sprache(n) anzustellen und mit Sprache(n) zu experimentieren und Bekanntschaften mit Sprachen zu schliessen, was die spätere Auswahl von Sprachen positiv beeinflussen kann. Für ihre Kurse hatten einige der am BLK-Modellversuch beteiligten Gesamtschulen folgende Prinzipien definiert [vgl. WEGE ZUR MEHRSPRACHIGKEIT … 1999, Seite 6]:

- Begegnung mit Sprachen sollte sehr wörtlich genommen werden. Ich treffe eine Sprache und komme mit ihr ins Gespräch, ich lerne Menschen kennen, die diese Sprache sprechen oder kenne sie schon. Ich habe aber die Möglichkeit, mich nach einer Weile von der Sprache wieder abzuwenden. Ich muss sie nicht lernen, ich bekomme keine Noten für diese *Begegnung*. Ich kann sie aber auch interessant finden und mich weiter mit ihr beschäftigen.
- Ich begegne Sprachen meiner Umgebung, meiner Nachbarn, der Schulpartner oder den Sprachen, die an meiner Schule angeboten werden. Ich schnuppere an Sprachen.
- Um mit einer oder mehreren Sprachen Bekanntschaft zu schließen, muss ich die Sprache nicht von Beginn an und mit dem Ziel der Perfektion lernen. Ich kann sie vorwiegend verstehen oder lesen oder sie mit der eigenen oder mit anderen Sprachen vergleichen, ich kann Unterschiede erforschen, Verwandtschaften erkennen und vieles mehr.
- Ich lerne mit und über die Sprache neue Dinge, die mich vielleicht zeitweise mehr interessieren als die Sprache selbst, also erforsche ich diese Dinge. Das können Pflanzen, Tiere, Musik, Sportler, Sportarten und andere Dinge sein, die ich durch die Begegnung mit Sprachen kennengelernt habe.

Die vier Prinzipien sind aus der Sicht des Schülerhandelns formuliert und stellen eine überlegenswerte Ergänzung der im didaktischen Konzept der Brandenburgischen Landesuniversität beschriebenen Aspekte des Lehrerhandelns dar. Bei der Begegnung mit Sprachen sollten demnach folgende Aspekte der Kommunikation Beachtung finden [vgl. BEGEGNUNGSSPRACHE …, 2000. – Seite 101]:

- Aspekt der Einheit von verbaler und nonverbaler Kommunikation;
- Erfahrungsaspekt;
- Beziehungsaspekt;
- Aspekt des Situationsbezuges.

Für jedweden Unterricht sind eine weitgehende Kooperation und Koordinierung von Lehrer- und Schülerhandeln wichtig, in der Begegnung mit Sprachen darüber hinaus unverzichtbar. Mit der vermeintlichen Unverbindlichkeit und Offenheit, ohne Notengebung und Versetzungsrelevanz kommen hier nur dann verwertbare Unterrichtsergebnisse und Lernfortschritte zum Tragen, wenn Lehrer- und Schülerhandeln bewusst aufeinander abgestimmt werden. Von besonderer Bedeutung ist in diesem Prozess das individuelle Fördern und Fordern von Leistungen, die die Selbstständigkeit und Ich-Stärke der Kinder herausfordern und ihre persönliche Verantwortung für das Gelingen ihrer Begegnung mit Sprachen deutlich machen.

## Integration als ein Weg

Im Land Brandenburg definiert sich die Begegnung mit Sprachen lt. Schulgesetz als mögliches Unterrichtsangebot von Grundschulen und liegt weitgehend in der Verantwortung der einzelnen Schule. In der Grundschulverordnung heißt es hierzu:

„Die Begegnung mit fremden Sprachen kann ab Jahrgangsstufe 3 im Rahmen der an der Schule gegebenen sächlichen und personellen Voraussetzungen angeboten werden. Die Begegnung mit einer fremden Sprache ist in die Fächer und Lernbereiche integriert. Die Begegnungssequenzen umfassen in der Regel zehn bis zwanzig Minuten und sollen, über die Woche verteilt, neunzig Minuten nicht überschreiten. Die Wahl der Begegnungssprache liegt in der Verantwortung der einzelnen Schule. Die Entscheidung trifft auf Vorschlag der Konferenz der Lehrkräfte die Schulkonferenz. Am Unterricht in der Begegnungssprache nehmen alle Schülerinnen und Schüler der Jahrgangsstufen 3 und 4 teil. Für die erbrachten Leistungen in der Begegnungssprache werden keine Noten erteilt. Auf Wunsch der Eltern kann die Teilnahme am Unterricht in der Begegnungssprache auf dem Zeugnis vermerkt werden“ [vgl. Verordnung über den Bildungsgang der Grundschule (Grundschulverordnung – GV) vom 16. Juni 1997, § 8, Abschnitt 6].

Bei diesem Ansatz ist die Begegnung mit Sprachen in den „normalen“ Grundschulunterricht zu integrieren, d. h. vom Prinzip her sind weder zusätzliche Unterrichtszeit und/oder zusätzliches Lehrpersonal und/oder andere zusätzliche äußere Gegebenheiten oder andere zusätzliche äußere Voraussetzungen für die Begegnung mit Sprachen erforderlich. Die Erfahrungen und Empfehlungen für ein solches Vorgehen stammen aus einem vierjährigen Modellprojekt, an dem neun Grundschulen des Landes Brandenburg beteiligt waren [vgl. BEGEGNUNG MIT SPRACHEN. NEUN GRUNDSCHULEN STELLEN SICH VOR, 1998].

Die wissenschaftliche Begleitung des Projekts erfolgte durch die Universität Potsdam. In ihrer Veröffentlichung beim BELTZ-Deutscher Studien Verlag macht die Herausgeberin RENATE HEUSINGER auf wesentliche Beobachtungen und Schlussfolgerungen aufmerksam und gewährt Einblicke in die spezifischen Bedingungen und Voraussetzungen für die Realisierung eines begegnungssprachlichen Konzepts in den Jahrgangsstufen 3–6. Es wird beschrieben, wie es den Lehrkräften gelingt, durch die Integration von BEGEGNUNGSSPRACHE in die Fächer und Lernbereiche das Interesse der Kinder am Umgang mit der fremden Sprache zu wecken und ihre Lernbereitschaft auch ohne Leistungsbewertung zu erhalten. Das wird in beiden Teilen der Publikation deutlich. Teil I umfasst „Aufgaben und Ergebnisse der wissenschaftlichen Begleitung des Projekts Begegnung mit Sprachen in Grundschulen des Landes Brandenburg“. Teil II greift unter dem Titel

„Didaktisches Konzept zur Realisierung der Begegnung mit fremden Sprachen im Unterricht der Grundschulen Brandenburgs“ Erkenntnisse aus der wissenschaftlichen Begleitung auf und nutzt die Erfahrungen der einbezogenen Lehrerinnen und Lehrer.

## Erfahrungen aus dem Modellprojekt und regionaler und überregionaler Fortbildung der PLIB-Projektgruppe

„Zu den wichtigsten Ergebnissen der Erprobung des Projekts gehört zweifelsfrei, dass die Integration der Begegnung mit fremden Sprachen in den Grundschulunterricht nicht nur die Inhalte des Unterrichts, sondern auch das geistige und soziale Leben an der Schule um ein Vielfaches bereicherte, indem nicht die soziale Gruppe (Klasse) allein, sondern die Schule als Ganzes mit ihren Verbindungen zum Gemeinwesen und den darüber hinausreichenden Kontakten den Gestaltungsrahmen bildeten, in dem sich Begegnungen realisierten. Schulleiterinnen und Schulleiter schätzten dabei insbesondere, dass durch den damit verbundenen Austausch von Ideen und Meinungen ein kooperatives Arbeiten der Lehrkräfte befördert wurde. An vielen Schulen rückte die Begegnung mit fremden Sprachen ins Zentrum der Schulentwicklung und trug zu ihrer Profilierung bei“ [BEGEGNUNGSSPRACHE, 2000, S. 87].

Bei der kooperativen Variante sollte ein weiterer wesentlicher Aspekt nicht unterschätzt werden, und zwar ist dies der Aspekt der Arbeitsteilung und Arbeitserleichterung.

Ganz selbstverständlich können natürlich auch einzelne Lehrkräfte die Begegnung mit Sprachen in ihrem Unterricht unabhängig von anderen Schwerpunktsetzungen der jeweiligen Schule praktizieren. Das Fehlen einer Plattform für den Austausch von gemachten Erfahrungen oder den Austausch von

Materialien für die Gestaltung von Unterrichtssequenzen wird jedoch schon bald als Mangel empfunden. In einigen PLIB-Außenstellen bzw. auf Initiative einzelner Schulen oder in der Zuständigkeit einzelner Schulämter haben sich deshalb Arbeitskreise gegründet, in denen u. a. regelmäßig Ideen und Materialien für die Gestaltung der Begegnung mit Sprachen schulübergreifend getauscht werden. Von Vorteil ist in diesem Fall, wenn sich eine verantwortliche Lehrkraft auf die Planung, Koordinierung und Moderation dieses komplexen Prozesses konzentrieren kann.

Obwohl sich Arbeitskreise dieser Art erfahrungsgemäß vornehmlich mit didaktisch-methodischen Fragen des Begegnungsunterrichts beschäftigen, darf der Aspekt der fremdsprachlichen Kompetenz der unterrichtenden Grundschullehrkräfte nicht außer Acht gelassen werden. Bekanntermaßen spielte eine fremdsprachliche Grundbildung in der DDR-Lehrerausbildung eine eher untergeordnete Rolle. Das ist im Hinblick auf die Einführung der Begegnung mit Sprachen mit nachhaltigen sehr ungünstigen Auswirkungen verbunden. Die alten Bundesländer mit ihren in der Vergangenheit auch auf fremdsprachliche Kompetenzen ausgerichteten Abschlüssen und Formen der Lehrerausbildung haben diese ungünstigen Voraussetzungen naturgemäß eher nicht. Deshalb kommt hier und heute allen Formen und Methoden der Aneignung bzw. Auffrischung von Fremdsprachenkenntnissen eine große Bedeutung zu. Viele Lehrkräfte haben sich auf den Weg gemacht und in Volkshochschulkursen, in Einführungs-, Aufbau- oder Erweiterungskursen unterschiedlicher Anbieter oder aber im schuleigenen Fortbildungskreis das erforderliche fremdsprachliche Wissen und Können erworben, wobei der schuleigene Fortbildungskreis nicht unbedingt die ungünstigste Arbeitsform sein muss. Können doch hier auf vorteilhafte Weise Fremdsprachenaneignung und Fremdsprachenverwendung auf kürzestem Weg zueinander gebracht werden. Besonders zu unterstützen sind selbstverständlich alle Formen der Fort-

und Weiterbildung mit einer Zertifizierung oder anderweitigem nachweislichen Abschluss oder Beleg einer fremdsprachlichen Grundbildung.

Im vierjährigen Modellprojekt gab es für die beteiligten Schulen im Wesentlichen keine andere Wahl, als schulinterne Fortbildung zu organisieren und langfristig bis zu vier Jahre durchzuführen. Die Fortbildung wurde zumeist von einer Fremdsprachenlehrkraft geleitet, die in Zusammenarbeit mit der schuleigenen Projektleitung inhaltliche und daraus resultierende sprachliche Schwerpunkte für die gemeinsame Arbeit entwickelt und realisiert hat. Fast überall gelang eine recht gut funktionierende Verbindung von fremdsprachlicher und fachdidaktischer Vorbereitung auf die Begegnung mit Sprachen. Dieser komplexe Problem- und Tätigkeitsbereich wurde über das Pädagogische Landesinstitut für die neun unterschiedlichen Schulen mit den vier unterschiedlichen Begegnungssprachen koordiniert. Hier flossen die vielen Fragen und manchmal schier unlösbaren Probleme in unterschiedlichen Arbeitsgruppen zusammen. Auf der Basis der gegenseitigen Hilfe und Unterstützung gelang es meistens, einen Lösungsansatz für die signalisierten Probleme zu entwickeln. Während noch 1997 zwei größere Arbeitsgruppen für die Begegnung mit Sprachen überregional wirksam waren, gibt es derzeit eine PLIB-Projektgruppe, die mit der Vorbereitung und Durchführung regionaler und überregionaler Fortbildung und Beratung zur Begegnung mit Sprachen befasst ist. Außerdem beschäftigt sich die Projektgruppe mit der Entwicklung von Fortbildungsmaterialien, auf die im nachfolgenden Abschnitt näher eingegangen wird.

## Die Grundschule mit ihren Möglichkeiten und Perspektiven für die Begegnung mit Sprachen

Die Grundschule im Land Brandenburg wird als Lern- und Lebensort für Kinder der Jahrgangsstufen 1 bis 6 an den unterschiedlichen Schulstandorten ausgebaut. Wenn Kinder sechs Jahre lang gemeinsam lernen können, steht ihr Schulwechsel erst nach einer gewissen Gewöhnung an einen ausdifferenzierten Fachunterricht und den Unterricht in einer Fremdsprache an. Auf der Grundlage eines abwechslungsreichen Unterrichts und differenzierten Methoden können deshalb viele unterschiedliche Lernangebote und Lernmöglichkeiten in der Gemeinschaft der etwa sechs- bis zwölfjährigen Schülerinnen und Schüler genutzt und ausprobiert werden. Ergebnis eines solchen Unterrichts werden Lernfreude und Leistungsbereitschaft der Kinder sein, die ständig erhalten und mit neuen Überlegungen weiterentwickelt werden müssen. Lernfreude und Leistungsbereitschaft stellen sich nicht von allein ein, sondern sind häufig das Ergebnis lang- oder kurzfristiger vorhergehender Erfahrungen, die die Kinder im Umgang damit machen konnten. Lernfreude und Leistungsbereitschaft müssen sich entfalten dürfen. Das kann durch ein Handeln geschehen, das vor allem von den Kindern selbst ausgeht und durch das Vorbild der Lehrerinnen und Lehrer unter Berücksichtigung der Gegebenheiten auf ganz individuelle Weise gestützt wird.

Kinder machen frühzeitig die Erfahrung, dass sie nur eine gewisse Reihe durch Sprachhandeln geprägter Umgebungen mit ihrer Muttersprache bewältigen können. Das geschieht manchmal unmittelbar, dank neuer Technologien zunehmend auch über den Umgang mit verschiedenen Medien oder auf andere Weise, immer jedoch unabhängig vom Alter und bis zum Vorkommen in der Stundentafel außerhalb von Schule. Selbst die derzeitigen ehrenwerten Bemühungen in fast allen Bundesländern um die so genannte Vorverlegung des Fremdsprachenunterrichts wird diesem Phänomen möglicherweise eher nicht gerecht werden, weil der Fremdsprachenunterricht wie jedweder Fachunterricht fachspezifische Vorgehensweisen zur Folge hat und deshalb zwingend vor allem zum späteren Lern- und Schulalter gehören muss.

Die respektvolle, selbstverständliche Begegung mit Sprachen kann unabhängig vom etablierten Fremdsprachenunterricht stattfinden und diesen unter bestimmten Voraussetzungen sehr gut ergänzen. Begegnung mit Sprachen und Fremdsprachenunterricht verstehen sich daher nicht als Alternativen, sondern als unterschiedliche Möglichkeiten des Unterrichts in der Grundschule. Für beide Möglichkeiten sind jeweils unterschiedliche Rahmenbedingungen zu schaffen.

Da, wo es gewünscht ist, sich anbietet und nicht aufgesetzt ist, kann Kommunikation im schulischen Leben und im Unterricht von sich aus Elemente aus nur einer, aus zwei, drei oder noch mehr Sprachen einbeziehen. Nur so erfahren Kinder, dass der Umgang mit fremden Sprachen nicht allein an ein Unterrichtsfach gebunden ist, sondern vielmehr mit ihrem ganz persönlichen Lern- und Lebensort Schule zu tun hat. Und das um so mehr, wenn auch ihre Schule ans Netz geht und die Möglichkeiten des world-wide-web Einzug in den Grundschulunterricht halten. Spätestens dann kommt man mit Kenntnissen aus mehr als einer Sprache sehr viel weiter.

Die Begegnung mit Sprachen ist kein gesondertes Fach und erfolgt nicht separiert von anderen Lern- und Lebensbereichen im Bildungsgang der Grundschule. Die Begegnung mit Sprachen ist integriert in die Lernbereiche und Fächer sowie in das gesamte Schulleben. Im Zentrum der begegnungssprachlichen Sequenzen steht das praktische Handeln mit Sachverhalten oder Sprachmitteln der fremden Sprache, vorwiegend auf der Basis des Spiels, und nicht ein lehrgangsmäßig organisierter Erwerb fremdsprachlicher Kompetenz. Die Planung von Sequenzen mit der Begegnungssprache erfolgt deshalb auf der Grundlage der im Land Brandenburg zugelassenen Rahmenpläne für die Grundschule. Ohne Notengebung und Versetzungsrelevanz können sich die Kinder mit Neugier, Freude und Leistungsbereitschaft auf die Begegnung mit Sprachen konzentrieren. „Kurzum, Fremdsprachenunterricht auf dieser Schulstufe ist eine Oase, ein Fleckchen Schule, an dem man sich auf all die Dinge rückbesinnen kann, die im Normalbetrieb oft zu wenig Raum erhalten; spielerisches und entdeckendes Lernen, musische Aktivitäten, Vorführungen für Eltern und andere Klassen, gemeinsame Projekte, Berücksichtigung individueller Fähigkeiten und Interessen auf Lehrer- und Schülerseite und vieles andere mehr" [ENGLISCH IN DER GRUNDSCHULE, 2000, S. 21–22].

## Ausblick

In seinen PITFALLS IN TEACHING ENGLISH WITH BEGINNERS [2000, Seite 2–4] weist PIEPHO auf zehn didaktische Stolpersteine für das Vermitteln von Fremdsprachen im Anfangsunterricht hin. Hierzu gehört mindestens, dass in vielen Klassen zuviel durchgenommen und viel zu wenig gelernt wird. Vielleicht ist manchmal weniger mehr, vielleicht ist die Begegnung mit Sprachen ein Weg oder unter Umständen auch ein Umweg zu gefestigteren Fremdsprachenkenntnissen aus schulischem Fremdsprachenunterricht.

Zu beurteilen ist allerdings schon, dass es für die Begegnung mit Sprachen eine offensichtlich absehbare Zukunft gibt. Eine Reihe von Bundesländern, u. a. der Freistaat Sachsen, haben hierfür eigene Konzepte entwickelt und die Begegnung mit Sprachen verbindlich eingeführt. Allerdings scheint es so zu sein, dass sich fast jedes Bundesland einen eigenen Weg der Begegnung mit Sprachen bahnt. Zum Teil werden probeweise sogar zusätzliche Stunden zur Verfügung gestellt. Das macht einerseits Mut, am eingeschlagenen Weg festzuhalten und diesen schrittweise auszubauen. Andererseits veranlasst dies Überlegungen hinsichtlich eventueller Vereinheitlichungen oder zumindest vergleichbarer Vorgehensweisen. Durchlässigkeit und Anschlussfähigkeit sind möglicherweise gefährdert. Nachteile könnten sich für Kinder ergeben, wenn sie von einem Bundesland in ein anderes wegen Umzugs der Eltern überwechseln müssen. Über- oder Unterforderungen könnten

Begegnung mit Sprachen in der Grundschule
mind map: Ute Wilschke

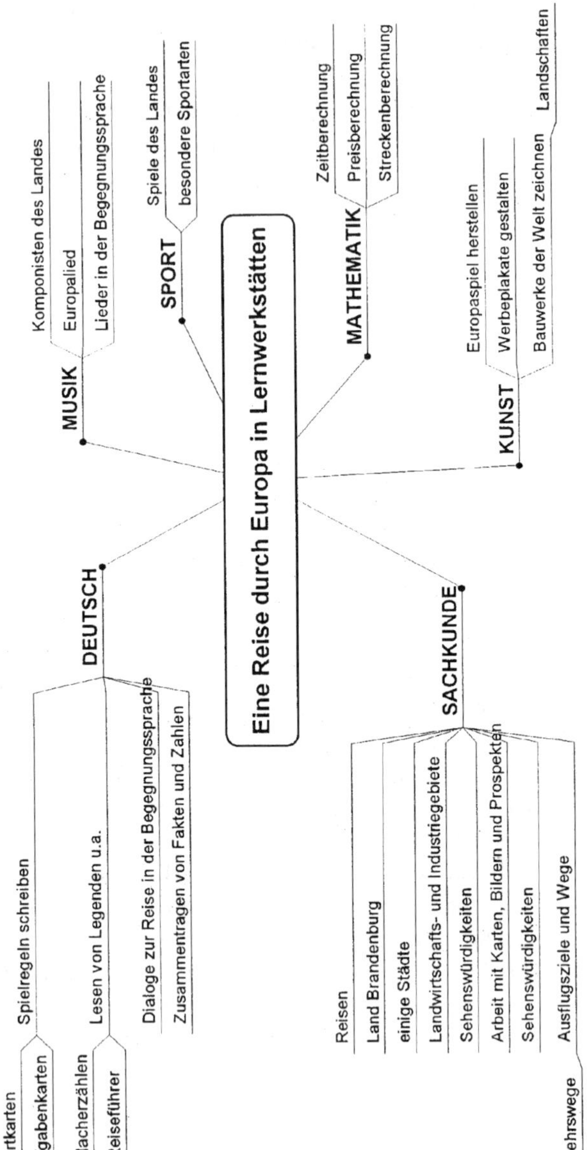

vorprogrammiert sein. Da sind Politik und Schulverwaltung in Kooperation mit unterschiedlichen Forschungseinrichtungen gefordert.

Denkbar ist auch die Nutzung von Erfahrungen aus Schulbuchverlagen.

Zum Schuljahr 2000/2001 haben sich in Brandenburg 31 % der Grundschulen für das Konzept der Begegnung mit Sprachen entschieden. Und der Anteil von Grundschulen, die die Begegnung mit Sprachen anbieten, wird möglicherweise noch deutlich größer werden. Ein größeres Unterstützungssystem ist zwar nicht und schon gar nicht flächendeckend vorhanden, könnte jedoch durchaus entstehen, wenn sich die Grundschulen dementsprechend engagiert darum bemühen. Und Hilfe zur Selbsthilfe hat ja bereits eingesetzt.

Problematisch und fraglich ist allerdings, ob sich ein auf Freiwilligkeit beruhender pädagogischer Ansatz überhaupt verbindlich einführen lässt. Außerdem ist eine Reihe rechtlicher Fragen zu klären, z. B. gibt es einen Rechtsanspruch auf die Begegnung mit Sprachen an einer bestimmten Schule oder gibt es diesen nicht? Welche Zuständigkeiten und Pflichten gibt es hinsichtlich der Qualifizierung der Lehrkräfte? Müssen die Lehrkräfte selbst für ihre zumeist nachträgliche sprachliche und fachdidaktische Weiter- oder Fortbildung sorgen? Nach welchen didaktischen Prinzipien soll dieser späte fremdsprachenbezogene Input erfolgen? Traditionell? Als ersten Stolperstein und Kardinalfehler sieht PIEPHO: „Der Unterricht hakt die Lektionen scheinbar systematisch nach irgendeiner Progression linear nacheinander ab“ und sieht eine der Ursachen für ein solches Vorgehen in einer Erkenntnis, die aus Amerika stammt, und zwar „Teachers tend to teach not the way they have been trained, but the way they remember to have been taught“ („Nicht nur Lehrer/-innen und Eltern, sondern wir Menschen neigen alle dazu, das Erfahrene als unabänderliches Leitmuster für das eigene Verhalten zu befolgen. Ausbildung und Aufklärung bewirken da wenig.“)

Verbindliches und Offenes sollte und muss es dennoch auch für die Begegnung mit Sprachen geben. Wer entscheidet darüber, was verbindlich und was offen sein soll? Zu welchem Zeitpunkt könnten solche Entscheidungen vorliegen? Hier wird von der Verbindlichkeit der Vorgaben aus dem Brandenburger Rahmenplanwerk für die Grundschule ausgegangen. Die daraus resultierenden Schlussfolgerungen für Sequenzen mit einer Fremdsprache sind demzufolge nicht beliebig. Begegnung mit Sprachen ist in diesem Zusammenhang eher mit dem Ansatz des Bilingualen Fremdsprachenunterrichts zu vergeichen, bei dem es bekanntermaßen auch kein eigenständiges Curriculum für die Nutzung der jeweiligen Fremdsprache gibt! Hier ergeben sich die verbindlichen Vorgaben zumeist allein aus dem jeweiligen Sach- oder Fachrahmenplan. Der Vergleich von Begegnung mit Sprachen mit dem zweisprachigen Sach- oder Fachunterricht stimmt allerdings im Hinblick auf die Verwendung der Fremdsprache selbst nicht mehr.

Relativ verfestigt hat sich zudem auch die Vorstellung, dass Fremdsprachenlernen in unserem Raum zuerst etwas mit dem Erlernen der englischen Sprache zu tun hat. Dagegen ist vom Prinzip her nichts einzuwenden. Mehrsprachigkeit in Europa sollte jedoch über Deutsch und Englisch hinausgehen. Die Veränderungen und neuen Anforderungen werden z.B. in Österreich durch den Lehrplan für die Grundschule berücksichtigt, der mit seinem Rahmenkonzept die „Intensivierung des Fremdsprachenunterrichts ermöglicht, aber auch Spielräume hinsichtlich der Wahl einer bestimmten Sprache zulässt“ [vgl. ZOOM 1998, Seite 3]. Offensichtlich ist hierfür an mehr als zehn europäische Sprachen gedacht.

Auf die Beantwortung der Fragen oder die Lösung der Probleme dürfen wir gespannt sein. Einstweilen gilt es, Erfahrungen mit der angestrebten Mehrsprachigkeit zu sammeln und eine sehr persönliche Verantwortung dafür zu übernehmen. Eine Zurückhaltung in diesem Bereich würde zu eventuellen weiteren Vorurteilen gegenüber dem Land Brandenburg führen.

Das Fremde, der Umgang mit dem Fremden, der Umgang mit fremdartigen Lebensweisen oder fremdartigen Anschauungen, und nicht zuletzt der Umgang mit fremden Menschen muss Gegenstand von Schulunterricht sein, auch wenn viele Fragen noch nicht geklärt sind. Das kann auf unterschiedliche Weise geschehen. Eine Möglichkeit ist die Begegnung mit Sprachen.

## Literatur

BECK, ROSEMARIE / BLECK, MONIKA / GÖTZE, RENATE / HAMEL, MARTINA / HORNBURG, INGE / JANKE, ISLA / JOBS, PETRA / LISSNER, ANNEROSE / LÜCK, KERSTIN / RAUCH, JOANNA / RIECKENHOFF, HEIKE / SCHMIDT, DAGMAR / WILSCHKE, UTE / ZSCHÄRLICH, RENATE: Begegnung mit Sprachen – Beispiele aus Unterricht und Fortbildung. In: Werkstatthefte, Nr. 54 / Pädagogisches Landesinstitut Brandenburg (Hrsg.) – Berlin 1998.

BECK, ROSEMARIE / BLECK, MONIKA / GÖTZE, RENATE / HAMEL, MARTINA / HORNBURG, INGE / JANKE, ISLA / JAKOBS, HELGA / JOBS, PETRA / LISSNER, ANNEROSE / LÜCK, KERSTIN / RAUCH, JOANNA / RIECKENHOFF, HEIKE / WILSCHKE, UTE: Begegnung mit Sprachen – Neun Grundschulen stellen sich vor. In: Werkstatthefte, Nr. 53 / Pädagogisches Landesinstitut Brandenburg (Hrsg.) – Berlin 1998.

BECK, ROSEMARIE / BLECK, MONIKA / GÖTZE, RENATE / JOBS, PETRA / RIECKENHOFF, HEIKE / WILSCHKE, UTE: Begegnung mit Sprachen (3) – Beispiele aus Unterricht und Fortbildung. In: Werkstatthefte, Pädagogisches Landesinstitut Brandenburg (Hrsg.) – Berlin 2000.

BECK, ROSEMARIE: Das Modellprojekt Begegnung mit Sprachen im Land Brandenburg. In: Grundschulunterricht 47(2000)7/8. Berlin.

BECK, ROSEMARIE / BLECK, MONIKA / GÖTZE, RENATE / JANKE, ISLA / JOBS, PETRA / LÜCK, KERSTIN / RAUCH, JOANNA / RIECKENHOFF, HEIKE / WILSCHKE, UTE / ZSCHÄRLICH, RENATE: Die Ausstellung Begegnung mit Sprachen und Begleitheft zur Ausstellung. Ludwigsfelde, Pädagogisches Landesinstitut Brandenburg, 1998 und 1999 [Reihe: Fortbildungsmaterialien].

BECK, ROSEMARIE / BLECK, MONIKA / GÖTZE, RENATE / JOBS, PETRA / WILSCHKE, UTE: Projektarbeit in einem integrativen Konzept zur Öffnung von Unterricht – Erfahrungen aus Unterricht und Fortbildung zur Begegnung mit Sprachen in der Grundschule. – Ludwigsfelde: Pädagogisches Landesinstitut Brandenburg, 1999 [Reihe: Fortbildungsmaterialien].

FREMDSPRACHENFRÜHBEGINN in Grundschulen des Landes Brandenburg. Auswahl von Hinweisen auf Vorgaben, Quellen und andere Veröffentlichungen. – Ludwigsfelde: Pädagogisches Landesinstitut Brandenburg, 1999 [Reihe: Fortbildungsmaterialien]

GÖTZE, RENATE: Legenden, Märchen, Geschichten und die Begegnung mit Sprachen. – In: Grundschulunterricht 47(2000)7/8. Berlin.

HANDREICHUNG – Begegnungssprache in den Klassenstufen 3 und 4 – Teil A und Teil B / Hrsg. Sächsisches Staatsinstitut für Bildung und Schulentwicklung. Lampertswalde 2000.

HEUSINGER, RENATE (Hrsg.): Begegnungssprache – Kinder Brandenburger Grundschulen begegnen Englisch, Russisch, Französisch und Polnisch in ihrem Unterricht. Weinheim 2000

KLIPPEL, FRIEDERIKE: Englisch in der Grundschule. Berlin 2000.

LANDESINSTITUT für Schule und Weiterbildung des Landes Nordrhein Westfalen. Wege zur Mehrsprachigkeit. Begegnung mit Sprachen an Gesamtschulen im 5./6. Jahrgang. Soest 1999.

MINISTERIUM für Bildung, Jugend und Sport des Landes Brandenburg (Hrsg): Rahmenplan Sachunterricht Klassen 1 bis 4 Grundschule. Potsdam 1991.

PIEPHO, HANS-EBERHARD: Pitfalls in teaching English with beginners – 10 didaktische Stolpersteine. In: Grundschulunterricht 47(2000)7/8. Berlin.

PIEPHO, HANS-EBERHARD: Wachgeküsst. In: Fremdsprachenfrühbeginn (2000)1. München

RIECKENHOFF, HEIKE: Planung und Integration der Begegnung mit Sprachen rund um das Thema Herbst. In: Grundschulunterricht 47(2000)7/8. Berlin.

SEKRETARIAT der Ständigen Konferenz der Kultusminister der Länder in der Bundesrepublik Deutschland. Überlegungen zu einem Grundkonzept für den Fremdsprachenunterricht mit Gutachten zum Fremdsprachenunterricht in der Bundesrepublik Deutschland. Bonn 1994.

VERORDNUNG über den Bildungsgang der Grundschule (Grundschulverordnung – GV) vom 16. Juni 1997. In: Amtsblatt des Ministeriums für Bildung, Jugend und Sport, 1997, S. 502–515.

WEGE zur Mehrsprachigkeit. Begegnung mit Sprachen an Gesamtschulen im 5./6. Jahrgang. – Soest: Landesinstitut für Schule und Weiterbildung des Landes Nordrhein Westfalen 1999.

ZOOM. Fremdsprachen in der Grundschule (6–-10) / Bundesministerium für Unterricht und kulturelle Angelegenheiten Wien (Hrsg.). – Graz und Klagenfurt: Zentrum für Schulentwicklung des Bundesministeriums für Unterricht und kulturelle Angelegenheiten 1996 (Heft 1, 2 und 3) 1997 (Heft 4) 1998 (Heft 5).

# Grundlagenliteratur – „Aktuelle Schulkonzepte“


ANWEILER, OSKAR u. a.: Bildungssysteme in Europa. Weinheim 1996.

AVENARIUS, HERMANN / HECKEL, HANS: Schulrechtskunde. Neuwied, Kriftel 2000.

AVENARIUS, HERRMANN / BAUMERT, JÜRGEN / DÖBERT, HANS / FÜSSEL, HANS-PETER: Schule in erweiterter Verantwortung. Neuwied, Kriftel 1998.

ARBEITSGRUPPE BILDUNGSBERICHT: Das Bildungswesen in der Bundesrepublik Deutschland. Strukturen und Entwicklungen im Überblick. Reinbek bei Hamburg 1994.

BILDUNGSKOMMISSION NRW: Zukunft der Bildung – Schule der Zukunft. Neuwied u. a. 1995.

BÖNSCH, MANFRED: Praxishandbuch gute Schule. Baltmannsweiler 2000.

CHOTT, PETER O.: Schulkonzepte zum „Lehren des Lernens“: Analysen zur Grundlegung und zur Revision von Lehrplänen. Weiden 1996.

DÖBERT, HANS / GEIßLER, GERT (Hrsg.): Schulautonomie in Europa. Baden-Baden 1997.

FAUSER, PETER: Wozu die Schule da ist. Eine Streitschrift. Seelze 1996.

FÜHR, CHRISTOPH: Deutsches Schulwesen seit 1945. Grundzüge und Probleme. Bonn 1996.

FÜHR, CHRISTOPH / FURCK, CARL-LUDWIG (Hrsg.): Handbuch der deutschen Bildungsgeschichte. München 1998.

GONSCHOREK, GERNOT / SCHNEIDER, SUSANNE: Einführung in die Schulpädagogik und die Unterrichtsplanung. Donauwörth 2000.

GÖHLICH, MICHAEL (Hrsg.): Offener Unterricht, Community education, Alternativpädagogik, Reggiopädagogik: die neuen Reformpädagogiken; Geschichte, Konzeption, Praxis. Weinheim, Basel 1997.

HAARMANN, DIETER (Hrsg.): Handbuch elementare Schulpädagogik: Handlungsfelder institutionalisierter Grund- und Allgemeinbildung in den Klassen 1 bis 10. Weinheim, Basel 1997.

HINTZ, DIETER / PÖPPEL, KARL GERHARD / REKUS, JÜRGEN: Neues schulpädagogisches Wörterbuch. Weinheim und München 1993.

JÜRGENS, EIKO: Die Grundschule: Zeitströmungen und aktuelle Entwicklungen. Baltmannsweiler 1997.

KAHLERT, JOACHIM (Hrsg.): Grundschule – sich Lernen leisten: Theorie und Praxis. Neuwied, Kriftel 2000.

LENHART, VOLKER / MARSCHELKE, EKKEHARD (Hrsg.): Einführung in die Schulpädagogik. Rheinstetten 1976.

LIKET, THEO M. E.: Freiheit und Verantwortung. Das niederländische Modell des Bildungswesens. Gütersloh 1993.

ROLFF, HANS-GÜNTER: Wandel durch Selbstorganisation. Theoretische Grundlagen und praktische Hinweise für eine bessere Schule. Weinheim, München 1993.

SEIBERT, NORBERT (Hrsg.): Problemfelder der Schulpädagogik. Bad Heilbrunn 2000.

SEIBERT, NORBERT (Hrsg.): Anspruch Schulkultur: interdisziplinäre Darstellung eines neuzeitlichen schulpädagogischen Begriffs. Bad Heilbrunn 1997.

STEFFENS, ULRICH / BARGEL, TINO: Erkundungen zur Qualität von Schule. Neuwied 1993.

# Sachwortverzeichnis

# Autoren

BECK, ROSEMARIE, Dr.; Referentin am Pädagogischen Landesinstitut Brandenburg, Ludwigsfelde (PLIB).

BURK, KARLHEINZ, Dipl.-Päd., Dr. phil.; Lehrer an Grund- und Hauptschulen, Rektor als Ausbildungsleiter, Referatsleiter im Hessischen Kultusministerium mit den Arbeitsschwerpunkten curriculare, pädagogische und strukturelle Entwicklungsfragen der Grundschule. Derzeit: Vertretungsprofessur an der Johann-Wolfgang-Goethe-Universität, Frankfurt.

DÖBERT, HANS, Dr. habil.; wissenschaftlicher Mitarbeiter an der Forschungsstelle Berlin des Deutschen Instituts für Internationale Pädagogische Forschung; Arbeitsschwerpunkte: Historisch- und international-vergleichende Schul- und Lehrerforschung.

FROMMELT, BERND; Abteilungsleiter im Hessischen Kultusministerium; Arbeitsschwerpunkte: Schulentwicklung, Qualität von Schule, Schulautonomie.

KUCHARZ, DIEMUT; Dr. phil., Dipl.-Päd., Grund- und Hauptschullehrerin, Diplom-Schulpädagogik an der Universität Tübingen, Wissenschaftliche Assistentin in der Arbeitsstelle Bildungsforschung Primarstufe an der Hochschule der Künste Berlin, Wissenschaftliche Begleitung des Berliner Schulversuchs „Verlässliche Halbtagsgrundschule“.

KUTY, MARGITTA Dr.; wissenschaftliche Mitarbeiterin im Bereich Fachdidaktik Englisch am Institut für Anglistik / Amerikanistik der Ernst-Moritz-Arndt Universität Greifswald, wissenschaftliche Begleitung der Modellversuche Englisch und Französisch ab Klasse 3 und ab Klasse 1 in M-V; Erstellung von Rahmenplänen und Handreichungen zum Frühbeginn in M-V; involviert in Fort- und Weiterbildung von Grundschullehrern, Autorin von Lernmaterialien für den Frühbeginn.

LIEBERS, KATRIN; Referentin für sonderpädagogische Förderung in Grund- und Förderschulen und flexiblen Schulanfang am Pädagogischen Landesinstitut Brandenburg.

WALDMANN, ELVIRA; Dr., Referentin für Grundschulen am Pädagogischen Landesinstitut Brandenburg (PLIB), Leiterin des Modellversuchs „Kleine Grundschule“.

# Inhaltsverzeichnisse der weiteren Bände

## **Band I:** Neue Schulkultur

## **Band II:** Finanzierung und Öffnung von Schule

## **Band III:** Schulen in staatlicher und freier Trägerschaft

## **Band IV:** Schulen mit besonderem Profil

## **Band VI:** Schule und Qualität